될 수 있다!
교정교열가

교정교열 입문자를 위한 실용학습서

될 수 있다!
교정교열가

김 경 도 지음

머리말

교정교열의 세계로 초대합니다!

　출판기획이 큰 계획을 세우는 일이라면 출판편집은 세밀하게 다듬는 일입니다. 원고를 다루는 일은 매우 정교한 일이어서 교정교열의 수준에 따라 독자들이 읽기 편한 우수한 품질의 출판물이 될 수도 있고, 독자들이 읽기 힘든 열등한 품질의 출력물이 될 수도 있습니다.

　교정교열은 일일이 확인해 봐야 하는 과정을 거쳐야 하므로 시간이 오래 걸립니다. 출판을 알고 편집을 알고 원고를 알아야 가능한 교정교열 작업은 생각보다 어려운 일입니다. 한 글자 한 글자 읽으면서 한글 맞춤법에 틀린 것을 찾아내고 띄어쓰기 원칙에 맞게 고치는 과정은 인내심과 꼼꼼함이 없으면 불가능한 일입니다. 원고 전체의 주제에 맞는 글이 되도록 문장을 부드럽게 다듬고 적당한 어휘를 찾아 맥락과 맥락이 자연스럽게 이어지게 만드는 단계까지 도달하려면 많은 경험과 훈련이 축적되어야 합니다.

'잘해 봐야 본전'이라고 할 정도로 힘든 교정교열을 어디서부터 어떻게 시작해야 할지 막막해 할 교정교열 입문자들에게 들려주고 싶었던 이야기를 모아 이 책을 펴내게 되었습니다.

1985년 대학신문사에 입사하던 그날부터 지금까지 출판 현장에서 교정교열한 경험과 대학 강의실에서 교정교열을 가르치면서 정리한 내용을 이 책에 고스란히 담았습니다.

이 책은 이렇게 구성되었습니다.

제1부 '교정교열가가 되기 위한 길라잡이'는 교정교열 전문가가 되기 위해 반드시 알아야 할 교정교열에 대한 기본 개념과 핵심 정보를 담았습니다.

제2부 '문맥에 맞게 문장 다듬기'는 실제 글을 다듬는 기술과 사역동사나 일본식 표현 등 순화해야 할 어휘들을 올바르게 고치는 방법을 담았습니다.

제3부 '교정교열 실전 문제'는 헷갈리기 쉬운 어휘들 위주로 실전 문제를 다루었습니다. 한글 맞춤법과 띄어쓰기, 문장 고치기 문제를 단계별로 직접 풀어 보면서 실력을 키울 수 있도록 구성했습니다.

교정교열계에 첫걸음을 내딛는 이들이 이 책을 통하여 교정교열에 관한 기본지식을 습득하고 반복훈련하여 교정의 달인이 되기를 희망합니다.

글자는 문화를 담는 그릇입니다. 우리 문화를 담고 있는 소중한 우리 글자를 우리 스스로 잘 지키고 발전시켜야 합니다. 한글 맞춤법은 지켜도 되고 지키지 않아도 되는 약속이 아니라 한국어와 한글을 사용하는 사람들이라면 현실 세계든 가상 공간이든 반드시 지켜야만 하는 '법'입니다.

출판물의 품격을 높이고 우리 문화를 발전시키는 교정교열의 세계로 이제부터 저와 함께 수련의 길을 떠나보실까요?

2017년 8월

김 경 도

2판을 출간하며

- 1판 출간 이후 2년 동안 바뀐 어문 규정을 반영하여 본문 내용을 수정 보완하였습니다.
- 1판의 제3부 문장 교정교열 실전 문제 3단계는 실제 교정본 사례를 컬러로 실었습니다.

차 례

머리말

제1부 교정교열가가 되기 위한 길라잡이
01 출판에서 교정교열은 핵심적인 과정이다 • 13
02 출판물의 교정과정에 대한 이해 • 16
03 교정을 마친 교정지가 최고의 참고서다 • 20
04 교정을 보기 전에 교정 원칙부터 정한다 • 22
05 특수 기호와 문장 부호의 표기법도 중요하다 • 26
06 궁금하면 국립국어원 사이트에서 확인하자 • 30
07 원고와 필자만 믿었다가 큰코다친다 • 36
08 교정교열가도 좋은 글을 쓸 줄 알아야 한다 • 40
09 교정을 일곱 번 봐야 본전이다 • 46
10 초교에서 대부분의 오류를 바로잡아야 한다 • 49
11 재교와 3교도 초교처럼 꼼꼼하게 본다 • 52
12 한 책 안에서 어휘와 띄어쓰기를 통일한다 • 56
13 이중 문자의 표기법 기준을 정한다 • 60
14 외국어의 철자 발음 표기법을 익힌다 • 62
15 나만의 교정교열 노트를 만들자 • 64

제2부 문맥에 맞게 문장 다듬기

16 우리말에는 높임법 표현이 있다 • 73
17 문장의 기본 구조를 갖추어야 한다 • 76
18 자연스러운 문장으로 고치는 연습을 한다 • 86
19 사역동사 사용을 자제한다 • 90
20 군더더기 말은 삭제한다 • 94

제3부 교정교열 실전 문제

21 한글 맞춤법 실전 문제 1단계 • 103
22 한글 맞춤법 실전 문제 2단계 • 107
23 한글 맞춤법 실전 문제 3단계 • 112
24 한글 맞춤법 실전 문제 4단계 • 119
25 띄어쓰기 실전 문제 1단계 • 126
26 띄어쓰기 실전 문제 2단계 • 131
27 띄어쓰기 실전 문제 3단계 • 137
28 문장 교정교열 실전 문제 1단계 • 143
29 문장 교정교열 실전 문제 2단계 • 156
30 문장 교정교열 실전 문제 3단계 • 166

제1부

교정교열가가 되기 위한 길라잡이

제1부

01
출판에서 교정교열은 핵심적인 과정이다

　출판은 필자와 독자를 연결하는 종합 연출산업이자, 문화산업이다. 출판은 우리 민족의 문화를 계승하고 발전시키는 역할을 한다. 역사, 변화, 놀이 문화, 식사 문화, 지식, 오락, 뉴스, 문학 등 그 집단의 공동 문화를 글자나 그림이나 사진이나 소리로 보관하고, 현 세대는 물론 후세에게도 전해 주는 임무가 출판인에게 있다.
　출판은 원고만으로 이루어지는 것이 아니다. 아무리 좋은 내용의 출판물이라고 하더라도 교정이 제대로 되지 않아 곳곳에서 잘못이 발견될 때는 그 출판물을 만든 출판사에서 펴낸 모든 출판물에 더하여 신뢰를 잃게 된다. 교정교열은 좋은 출판물을 빛나게 해 주는 필수 과정이다.
　교정교열은 출판물의 내용을 훑어보면서 잘못 기재되어 있는 글자와 글귀를 바로잡는 일이다.
　교정과 교열은 엄연히 다른 개념이다. 교정(校正)이란 교정쇄와 원고를 대조하여 오자, 오식, 배열, 색 등을 바르게 고치는 것을 말한다.

교정(校訂)이란 남의 문장 또는 출판물의 잘못된 글자나 글귀를 바르게 고치는 것을 말한다. 교정(校訂)은 교정(校正)보다 의미가 넓은 개념이다. 일반적으로 '원고를 교정한다'고 하면 교정(校正)을 말한다.

교열(校閱)이란 한글 맞춤법에는 맞지만, 문장의 주어와 술어가 맞지 않다거나 내용에 오류가 있거나 지나치게 꼬여 있어서 이해하기 어려운 문장을 교정하고 검열하는 일을 말한다. 한 문장이 너무 길어서 가독성이 떨어진다거나, 주어와 술어가 잘못 연결되어 있다거나, 내용상에 오류가 있어 이해하기 어려운 문장들을 바로잡음으로써 의미 전달이 쉬워진다.

문장이나 문맥 교열에 있어서는 정확하지 않은 사실과 문장 성분이 알맞지 않은 것들을 찾아내어 문맥에 맞게 자연스러운 표현으로 바로잡아야 한다.

문장 성분 사이의 호응은 바른 문장을 이루기 위한 필수적 조건이다. 주어와 서술어, 연결 어미와 서술어, 접속 조사와 서술어 등이 서로 적절하게 호응이 되는지 확인해야 한다.

문법적으로 완벽하다고 해서 모두 다 올바른 글이 되는 것은 아니다. 그보다 더 중요한 것은 내용의 논리성과 타당성이다. 문법적으로 하자가 없지만 내용적으로 타당하지 않은 문장이 있을 수 있다. 예를 들어 '지리산 아래 금호강'이란 표현은 문법적으로 타당하나 내용적으로 타당하지 않다. 지은이는 '지리산 아래 섬진강'이란 표현을 '지리산 아래 금호강'으로 잘못 표기한 것이다. 이와 같이 필자가 잘못 알고 있는 사실이나 오해하고 있는 정보가 있을 수 있으므로 원고의 내용이 사실 관계에 적합한지 확인하여 문장을 바로잡아야 한다.

교정교열가는 필자가 미처 발견하지 못한 어휘나 문장의 오류를 찾아내야 한다. 왜냐하면 필자들은 대부분 글 쓸 시간이 빠듯하여 급하게 원고를 마감하는 일이 잦다. 때문에 한글 맞춤법을 잘 몰라서가 아니라 컴퓨터 자판기에서 오타가 날 확률이 매우 높다. 한글이 영어 자판으로 넘어가 엉뚱한 글자가 삽입되어 있을 수도 있다. 필자가 원고마감 일정에 쫓겨 급하게 원고를 넘기면 교정교열가가 원고를 검토하다가 전혀 엉뚱한 의미의 단어로 수정할 가능성도 간과할 수 없다.

교정교열이란 출판물을 만드는 전 과정에서 발생하는 잘못을 바로잡는 작업, 좀 더 완성도 높은 출판물을 만들기 위한 창조적 작업이라고 할 수 있다.

02
출판물의 교정과정에 대한 이해

출판에디터가 필자의 원고를 받아서 교정을 하는 것은 원고 검토에 해당한다. 원고 검토는 일반적으로 '내용 검토'와 '형식 검토'로 나누어 진행한다.

내용 검토는 출판물의 원고가 출판기획의 취지를 따르며 출판 목적을 실현할 수 있는지 검토하는 것을 말한다. 또 저작권법을 비롯한 출판 관련 법규에 저촉 사항은 없는지 등을 검토한다.

형식 검토는 어문 규정에 따라 표기의 통일성, 표시부호의 통일 등을 세심하게 검토하는 것을 말한다. 어문 규정이란 문화체육관광부에서 고시한 한글 맞춤법(띄어쓰기 포함), 외래어 표기법, 표준어 규정, 국어의 로마자 표기법 등을 말한다.

출판물은 원고 검토과정에서 잘못된 내용을 바로잡으면서 여러 차례 보완함으로써 보다 완벽한 내용으로 완성도를 높이게 된다.

원고를 교정교열하지 않고 곧바로 편집디자인을 할 경우에는 교정할 사항이 너무 많아 편집디자이너가 교정 표시 내용을 고치는 데 시간을 많이 할애해야 하므로, 대부분의 출판사에서는 파일 교정(파일 상태에서 교정교열을 봄)을 완료하여 완전원고를 편집디자인 부서에 넘기고 있다.

교정교열은 출판물의 제작과정에 따라 각 단계별로 각각의 교정교열 작업을 진행하게 된다. 맨 처음 보는 교정을 초교라 한다. 편집디자이너가 출판물의 본문을 편집디자인하여 출력한 교정쇄를 원고와 대조하여 틀린 글자를 바르게 정정하는 것을 대조 교정이라 한다.

초교에서는 고칠 것이 많고 시간도 많이 걸린다. 초교 본 것을 토대로 편집디자이너가 수정하여 다시 출력한 교정쇄를 원고 또는 초교와 대조하면서 교정하는 것을 재교라 한다. 재교에서 교정 본 것을 수정하여 출력한 교정쇄를 세 번째로 교정하는 것을 3교라 한다. 일반적으로 대중교양서 교정은 대개 3교에서 끝나게 된다.

출판물의 본문에서 여백을 제외한 부분을 판면(版面)이라고 하는데, 이 판면에 들어가는 편집자료(제목, 중간제목, 문자원고, 시각원고, 페이지 표시 등)에 대하여 교정하는 것을 판면 교정이라고 한다.

컴퓨터 기술서적의 경우 책에서 서술한 내용과 해당 내용에 대한 결과 화면이 올바른지 컴퓨터에서 책 내용대로 실행하면서 화면을 하나하나 확인하는 것을 기술 교정이라고 한다.

교정지를 받으면 차례 페이지를 출력하여 페이지 단위로 제목과 쪽 번호가 올바르게 들어갔는지 일일이 확인해야 한다. 이때 쪽 번호와 함께 들어가는 '면주(面註)'도 꼼꼼하게 확인해야 한다. 면주는 일반적으로 왼쪽 페이지에 도서명, 오른쪽 페이지에 부/장/단원명이 들어간다.

출판물의 구성요소가 올바르게 들어갔는지도 확인해야 한다. 출판물의 본문 앞부분에 들어가는 전면부에는 약표제지, 표제지, 머리말, 차례, 일러두기 등의 편집자료가 들어간다. 본문 뒤에 들어가는 후면부에는 참고문헌, 부록, 찾아보기, 판권 등의 편집자료가 들어간다.

원고 교정이 완료되면 편집 교정을 실시한다. 편집 교정은 외적 체재 점검과 내적 체재 점검으로 나누어 진행한다.

내적 체재를 점검할 때는 출판물 내용의 분량, 수준, 표현과 표기 등이 편집기획에서 설정한 핵심 독자층에 맞는지, 출판물의 장르 기준에도 맞는지, 핵심 콘셉트를 잘 반영하였는지 검토해야 한다.

외적 체재를 점검할 때는 출판물의 판형, 레이아웃, 서체, 색도, 지질, 삽화 등을 면밀하게 검토해야 한다.

편집 교정이 모두 끝나면 최종 교정을 실시한다. 최종 교정은 교정 완료라는 의미에서 O.K. 교정이라고도 한다. O.K. 교정은 실제 인쇄할 용지에 출력해서 보는데, 주간지나 월간

지처럼 긴급하게 인쇄 작업에 넘겨야 하는 경우에는 화면 교정으로 대신하기도 한다. 화면 교정이란 모니터에 편집화면을 띄워 놓고 편집배열표를 보면서 페이지별로 내용이 제대로 들어갔는지 일일이 확인하는 것을 말한다.

출판물의 편집기획과 출판물의 장르 특성에 맞는 편집 체재를 확정하고 올바르게 적용하려면 편집 프로세스의 각 단계별로 면밀하게 검토해야 한다.

컬러 교정은 제작사양과 동일한 실제 잉크와 인쇄용지를 사용하여 교정인쇄기에서 출력하여 최종 데이터의 색상과 같은지 확인하는 것을 말한다. 컬러 밸런스와 가늠표, 모아레(moire) 방지, 터잡기 작업 보정 등을 점검하고 데이터 이상 유무를 확인하여 인쇄판의 품질과 정확성을 확보한다.

인쇄 교정은 직접 인쇄된 출력물을 보면서 최종 교정지나 견본 또는 원본과 대조하면서 다시 한 번 점검하는 것을 말한다. 인쇄 교정을 할 때는 견본을 제작하여 확인하는 것이 가장 안전하다. 견본을 제작할 때는 제작공정 순서대로 완제품과 동일하게 제작하는 것이 좋다. 제작사양서에 명시되어 있는 인쇄용지의 재질, 종이결, 종이무게(g/㎡) 등과 동일하게 견본을 제작해야 제작 과정에서 일어날 수 있는 문제점을 미리 발견할 수 있다.

컬러 교정과 인쇄 교정 과정에서 문제점을 발견했다면 편집디자인과 제작공정관리 과정에서 문제점을 해결함으로써 우수한 품질의 출판물을 만들 수 있도록 해야 한다.

03
교정을 마친 교정지가 최고의 참고서다

TV 프로그램 〈우리말 겨루기〉에 나오는 문제들을 보면 생소하고 난해한 것들이 참 많다. 최고점을 얻은 마지막 1인에게 주어지는 달인문제는 난도(難度)가 매우 높다.

교정교열 전문가가 되기 위해 국어능력인증시험을 준비하는 사람들이 많다. 하지만 문제집을 달달 외다시피 하여 시험에 합격했다고 교정교열의 달인이 되는 것은 아니다.

교정교열 전문가가 되려면 축적의 시간이 필요하다. 단 한 장의 글이라도 쓰고 교정하고 다시 쓰는 과정을 매일 연습하여 꾸준하게 교정 실력을 쌓아야 한다.

교정교열 실무를 가장 쉽게 이해하는 방법으로는 숙련된 출판편집자나 교정교열 전문가가 교정쇄에 교정교열 표시를 했던 교정지를 살펴볼 것을 권해 드린다.

교정 지시는 교정 기호를 사용하여 표시해야 한다. 국가기술표준원(www.kats.go.kr)에서는 2006년 12월에 교정 기호를 개정하여 KS 규격(KS A 0104 : 2006)으로 고시하였다.

교정교열을 할 때 원칙적으로는 KS 교정 기호를 따르는 것이 바람직하다. 그렇지만 출판사마다 교정교열을 할 때 별도의 교정 기호로 표시하기도 하므로 출판사에서 정한 별도의 편집규정이나 교정교열 방침이 KS교정기호와 다른 것은 없는지 확인해 보고 교정교열 원칙을 정해야 한다.

교정지에 교정 기호를 표시하거나 수정 글자를 기입할 때에는 누구나 알아보기 쉽도록 빨간색이나 본문 글자와 다른 색 펜으로 본문보다 크고 정돈된 정체로 깔끔하게 적어야 한다.

사소한 교정 표시라도 편집자나 디자이너가 오해해서 잘못 고칠 수가 있다. 되도록 친절하게 교정 표시를 하는 것이 좋다.

교정 기호를 표시할 때에는 가장 가까운 위치의 여백에 기입한다. 문장 안에서 교정 기호를 표시할 때에는 가능한 한 수정 부분의 위쪽에 기입하는 것이 좋다. 문장 부호의 교정 표시는 네모 칸을 그려서 정확한 위치를 찍어서 표시해야 알아보기가 쉽다. 교정교열 내용이 복잡하여 간단하게 표현하기가 어려울 때에는 별지를 사용하여 상세하게 기입하는 것이 좋다.

틀린 글자를 선으로 끌어내어 여백에 교정 표시를 할 때 틀린 글자의 오른쪽 위 방향으로 짧게 그어 수정사항을 표시한다. 틀린 글자가 많아서 선을 많이 그어야 할 때는 선을 같은 방향으로 짧게 그어야 한다. 선을 서로 엇갈리게 그으면 알아보기 어려우므로 교차선이 생기지 않도록 해야 한다.

04
교정을 보기 전에 교정 원칙부터 정한다

　교정교열을 할 때 출판물에 따라서는 어문 규정에서 정한 원칙을 변형하여 사용하는 경우가 있다. 출판사에서 자체적으로 편집 원칙을 적용하여 교정을 의뢰하는 경우도 많으므로 그 원칙에 따르면 된다.
　교정을 보기 전에 출판물의 특성을 고려하여 교정 원칙을 정해야 한다. 먼저, 교정 방법을 정한다. 혼자서 교정을 볼 것인지, 또는 한 사람은 원고를 보고 다른 사람은 교정쇄를 보고 소리 내어 읽어 맞추는 방법을 택할 것인지 정해야 한다.
　초교, 재교, 3교 교정지를 여러 사람이 돌아가면서 교정을 볼 것인지, 또는 한 사람이 여러 번 교정을 볼 것인지도 정해야 한다. 한 사람이 계속해서 교정을 보는 것보다는 여러 사람이 돌아가면서 보는 것이 좋다.
　교정 횟수도 정해야 한다. 몇 교에서 교정을 완료할 것인지 기본적인 방침을 정한다. 일반적인 출판물은 3교에서 끝나지만 출판물에 따라서는 7교나 9교를 보는 경우도 있다.

교과서 출판사의 경우 하나의 오탈자라도 줄이기 위해 편집1부에서 3교를 본 원고를 편집2부에서 다시 3교를 보고 편집3부에서 또다시 3교를 보는 9교를 거쳐서 책을 만드는 전통을 갖고 있기도 하다.

그림이나 사진 등의 시각원고도 교정 지시 사항을 어느 위치에 표시할지 미리 정해야 한다.

⊙ 주석과 참고문헌 표시 방법을 통일한다.

출판물의 본문에서 주석(註釋)을 처리하는 방법으로는 두주(頭註), 할주(割註), 각주(脚注), 방주(旁註) 등이 있다.

두주는 본문의 상단부에 해당 내용의 주(註)를 적는 것을 말한다. 할주는 글 줄 안에 괄호를 치고 그 안에 간단한 설명을 적는 것을 말한다. 각주는 본문 하단부에 괘선을 치고 설명을 적는 것을 말한다. 방주는 글 내용을 더욱 분명히 하기 위해 본문 옆이나 본문의 한 단락이 끝난 뒤에 설명을 적는 것을 말한다. 이러한 주석 처리 방법 중 하나를 선택하여 책 한 권 안에서 일관성 있게 주석을 처리해야 한다.

논문이나 학술서에는 대부분 각주가 필수로 들어간다. 각주 또한 통일된 위치에 통일된 양식으로 들어가야 한다. 특히 여러 사람들이 공동으로 집필 작업을 진행하는 경우에는 원고 청탁 시에 미리 각주의 기입 양식을 정해서 알려주는 것이 좋다.

전체 원고를 하나의 표기 방법으로 통일할 것인가, 아니면 분야별, 단행 논문별로 통일할 것인가를 편집기획회의를 할 때 미리 기준을 정해 두면 교정교열을 효율적으로 할 수 있다.

각주와 참고문헌을 표기하는 방법은 두 가지로 나눌 수 있다. 하나는 본문에 인용할 책의 필자와 연도를 표시하고 본문이 끝난 뒷부분에 출판사항과 인용문 페이지를 적는 것이다. 다른 하나는 본문에 출판사항과 인용문 페이지를 기록하는 것이다.

각주와 참고문헌을 표기할 때는 일반적으로 필자 이름, 도서명, 출판사, 출판연도, 인용한 쪽수 순으로 기재한다. 전문분야의 학술도서는 해당 학술 분야에서 규정한 방식이 있으므로 규정을 확인하여 규정에 따라 기재하면 된다.

김경도,《될 수 있다! 교정교열가》, 춘명, 2017, P.33.

⊙ 인용문의 경우 본문과 구분 짓는다.

인용문의 시작과 끝나는 행의 위아래에 1행씩을 띄어 준다. 흔히 두 자간 들여쓰기를 하거나, 본문 글자보다 크기를 1포인트 줄이거나, 서체를 다르게 한다.

⊙ 숫자 쓰기 단위를 통일한다.

'오늘 점심 밥값이 12,500원이다.'라고 했을 때 '1만 2,500원'이라고 할 것인지, '1만 2천5백 원'이라고 할 것인지 기준을 정해서 한 책 안에서는 수치와 단위를 통일해서 써야 한다.

'5만 원에서 10만 원까지'를 표현할 때도 '5~10만 원'이라고 쓰면 안 된다. '5만~10만 원'이라고 해야 맞다.

◉ 이름 뒤에 붙는 호칭어에 대한 띄어쓰기 기준을 정한다.

성과 이름, 성과 호 등은 붙여 쓰고, 이에 덧붙는 호칭어, 관직명 등은 띄어 쓴다.

이퇴계 / 도민준 씨 / 이기성 원장 / 윤광원 회장 / 박 씨 / 김 사장

이름이 외자일 경우 성과 이름 사이를 띄어 쓴다. 성과 이름, 성과 호를 분명히 구분할 필요가 있을 경우에는 띄어 쓸 수 있다.

현∨빈 / 화담∨서경덕 / 남궁∨억(성이 남궁일 경우)

◉ 단위는 직관적으로 알아보기 쉽게 표기한다.

단위는 '킬로미터, 톤, 킬로그램'처럼 한글로 표기하는 것보다 'km, t, kg'으로 표기하는 것이 내용을 이해하기에 좋다.

◉ 외래어 지명이나 인명은 백과사전을 검색하여 통일한다.

외래어 표기법이 있긴 하지만 모든 것을 완벽하게 표기하긴 힘들다. 네이버 백과사전을 기준으로 이미 통용되고 있는 지명이나 인명을 사용하는 것이 좋다.

05
특수 기호와 문장 부호의 표기법도 중요하다

출판물에 특수 기호와 문장 부호를 사용하면 독자들이 내용을 이해하기 쉬워진다. 하지만 지나친 사용은 책 편집을 조잡하게 할 수 있으므로 주의해야 한다.

파일 교정을 볼 때 특수 기호와 문장 부호를 어떻게 사용할지 출판사 편집 담당자와 협의하여 통일성 있게 적용하는 것이 바람직하다.

각 출판사마다 미리 정해 놓은 기준이 있으므로 책의 성격에 따라 선택하여 사용하면 된다. 한 책 안에서 이것저것 섞어 사용하지 않도록 주의한다.

책 제목이나 신문 이름 등을 나타낼 때는 겹낫표(『 』)나 겹화살괄호(《 》)를 쓰는 것이 원칙이며 큰따옴표(" ")를 대신 쓸 수 있다.

소제목, 그림이나 노래와 같은 예술 작품의 제목, 상호, 법률, 규정 등을 나타낼 때는 홑낫표(「 」)나 홑화살괄호(〈 〉)를 쓰는 것이 원칙이며 작은따옴표(' ')를 대신 쓸 수 있다.

일반적으로 영화나 만화, TV 프로그램명, 컴퓨터 게임명 등 개개의 작품이나 논문명 등은 홑화살괄호로 표기한다.

낫표(「 」, 『 』)는 주로 세로쓰기에서 많이 활용되는 기호이다. 가로쓰기에서는 큰따옴표와 작은따옴표를 주로 쓴다.

작은따옴표는 인용한 말 안에 있는 인용한 말을 나타낼 때 쓰거나 마음속으로 한 말을 적을 때 쓴다. 또한 따온 말, 짧은 인용구, 단문, 강조하고 싶은 부분, 제명(題名), 성명서, 발표문의 제목, 단체명 등에 쓴다. 큰따옴표는 대화, 직접 인용한 말 등에 쓴다.

용언의 명사형이나 명사로 끝나는 문장이나 직접 인용한 문장의 끝에는 마침표(.)를 쓰는 것이 원칙이지만 쓰지 않아도 되므로 출판물에서 쓸지 말지 미리 결정해야 한다.

특정한 의미가 있는 날, 가령 3·1 운동을 표시할 때 월과 일을 나타내는 아라비아 숫자 3과 1 사이에 마침표를 쓸지 가운뎃점을 쓸지 결정한다.

아라비아 숫자만으로 연월일을 표시할 때는 마침표를 모두 쓴다. '일(日)'을 나타내는 마침표를 반드시 써야 한다.

2021년 11월 18일 (○)   2021. 11. 18. (○)   2021. 11. 18 (×)

문장 중간에 끼어든 어구의 앞뒤에는 쉼표(,)를 쓰거나 줄표를 쓸 수 있다.

나는, 솔직히 말하면, 그 말이 별로 탐탁지 않아. (○)
나는 — 솔직히 말하면 — 그 말이 별로 탐탁지 않아. (○)

특별한 효과를 위해 끊어 읽는 곳을 나타내거나 짧게 더듬는 말을 표시할 때 쉼표를 사용한다.
이 경기는 바로 우리가, 우리만이, 승리로 이끌 수 있다. (○)

짝을 이루는 어구들 사이, 또는 공통 성분을 줄여서 하나의 어구로 묶을 때는 가운뎃점(·)을 쓰거나 쉼표를 쓸 수 있다.
출판 유통의 조사·분석 (○) / 출판 유통의 조사, 분석 (○)

열거된 항목 중 어느 하나가 자유롭게 선택될 수 있음을 보일 때는 중괄호({ })를 사용한다. 특히 컴퓨터 프로그램에서 중괄호를 쓸 자리에 작은따옴표나 홑화살괄호로 교체해서 쓰면 인식을 하지 못하므로 컴퓨터 서적을 교정할 때 주의해야 한다.
학생들이 모두 인쇄소{에, 로, 까지} 갔어요. (○)

원문에 대한 이해를 돕기 위해 설명이나 논평 등을 덧붙일 때는 대괄호([ ])를 쓴다. 또한 바깥 말과 음이 다를 때, 묶음표 안에 또 묶음표가 있을 때 사용한다.
그런 일은 결코 있을 수 없다.[원문에는 '업다'임.]
손발[手足], 국가의 3요소[국민(國民), 주권(主權), 영토(領土)]

제목 다음에 표시하는 부제의 앞뒤에는 줄표(—)를 쓰되, 뒤에 오는 줄표는 생략할 수 있다.
'예술 장정과 제책 — 북 아트 —'라는 제목으로 수업을 진행했다. (○)
'예술 장정과 제책 — 북 아트'라는 제목으로 수업을 진행했다. (○)

차례대로 이어지는 내용을 하나로 묶어 열거할 때 각 어구 사이, 또는 두 개 이상의 어구가 밀접한 관련이 있음을 나타내고자 할 때는 붙임표(-)를 쓴다.
출판은 기획-편집-편집디자인-제작-마케팅의 순서로 이루어진다. (○)

기간이나 거리 또는 범위를 나타낼 때는 물결표(~) 또는 붙임표(-)를 쓴다.
11월 15일~11월 25일 (○) / 11월 15일-11월 25일 (○)

할 말을 줄였을 때, 말이 없음을 나타낼 때, 문장이나 글의 일부를 생략할 때, 머뭇거림을 보일 때에는 줄임표(……)를 쓴다. 줄임표는 여섯 점을 찍는 대신 세 점을 찍을 수도 있다. 열거할 어구들을 생략할 때 사용하는 줄임표 앞에는 쉼표를 쓰면 안 된다.
인쇄 용지 : 아트지, 모조지, 특수지…… (○)
인쇄 용지 : 아트지, 모조지, 특수지, …… (×)

06
궁금하면 국립국어원 사이트에서 확인하자

많은 사람들이 잘 모르는 단어에 대해 알고 싶을 때 포털사이트 검색창에 그 단어를 입력해서 검색한다. 검색 결과를 보면 개인적인 의견들이 많이 올라오고, 오류가 있거나 검증되지 않은 내용이 많다. 특히 명백한 오타임에도 불구하고 교정되지 않은 채 그대로 올라오는 내용도 많다.

종이책에 기록한 내용은 오랫동안 보관할 수 있지만, 인터넷 정보는 언제든지 삭제하거나 다른 내용으로 교체할 수 있으므로 종이책에 비해 정보의 신뢰성이 떨어진다.

교정교열을 하면서 혼동되는 한글 맞춤법이나 띄어쓰기 규정에 대하여 포털 사이트 검색으로 확인할 경우, 이미 발간된 책에 오타나 띄어쓰기 오류가 있어도 그대로 검색되어 나타나므로 포털사이트 검색 결과를 맹신하면 안 된다.

최근에는 대형 언론사에서도 교정교열부서를 폐지한 곳이 많아 언론기사에서도 오자나 잘못된 정보를 게재하는 경우가 수두룩하다. 언론사 기자라고 해서 한글 맞춤법의 달인은 아니다. 뉴스 기사 중 심심찮게 오류를 발견할 수 있다.

다음의 예는 오타라기보다 단어의 정확한 의미를 잘 몰라서 생긴 실수라고 볼 수 있다.
(예 1) 측근의 말을 빌어 해당 사실에 대해 보도했다. [빌어 → 빌려]
스몰 웨딩을 치룰 계획이다. [치룰 → 치를]

(예 2) 부사관 교육생 신상경세서를 쓰는 장면에서 제작진이 '여군 특집 사상 최연소 지원자'를 강조하기 위해 나이를 소개하는 자막에 '1998년생! 향년 19세'라는 자막이 전파를 탔다. [향년 → 방년]
  ※ 향년(享年) : '한평생 살아 누린 나이'라는 뜻임
            죽은 사람의 나이를 말할 때 사용함
     방년(芳年) : '스무 살을 전후한 여성의 꽃다운 나이'라는 뜻임

조금이라도 의심나는 단어나 표현이 있으면 국립국어원(http://www.korean.go.kr) 사이트에서 확인하는 것이 가장 정확하다. 내가 알고 있는 어휘라 해도 반드시 국립국어원이나 백과사전에서 그 내용의 진위를 확인하는 것이 좋다.

국립국어원 표준국어대사전(http://stdweb2.kcrean.go.kr)에 들어가서 단어를 검색할 때는 조사를 떼고 검색해야 한다. 예를 들어 '오래 전에'라는 표현이 있다고 하자. 붙이는 게 맞는지

띄는 게 맞는지 아리송할 때는 표준국어대사전에 '오래전'이라고 붙여서 검색해 본다. 검색 결과를 보면 '오래전 : 상당한 시간이 지나간 과거'라고 설명이 나온다. 그러므로 '오래전에'라고 붙여서 쓰는 것이 맞다는 것을 알 수 있다.

'꽃따운'이 맞는지 '꽃다운'이 맞는지 검색창에 입력할 때는 '꽃따운'이나 '꽃다운'으로 입력하면 안 된다. '~다'로 끝나는 기본어미로 검색해야 한다. 기본형인 '꽃답다'와 '꽃땁다' 둘 다 입력해 보면 '꽃답다'가 검색되므로 '꽃다운'이 올바른 표현법임을 확인할 수 있다.

'크게 봉변을 당하거나 무안을 당하다.'라는 뜻인 '큰코다치다'라는 단어는 표준국어대사전에 '큰코 다치다' 또는 '큰 코 다치다'라고 검색하면 '큰코다치다'라고 붙은 표현이 검색된다.

"아직 어리다고 얕봤다가는 큰코다치지, 큰코다쳐."

필자는 국가직무능력표준 출판 편집 분야의 학습모듈을 집필한 적이 있었다. 필자가 원고에 '가나다순'이라는 단어를 붙여 두었는데 교정교열을 보는 사람이 '가나다 순'으로 띄어 놓았다. 이건 확인 절차를 거치지 않고 자신이 알고 있는 상식으로 교정을 보아서 생긴 실수다. 이는 올바르게 쓴 단어를 오히려 교정을 보면서 틀리게 한 경우다. 표준국어대사전에서 '가나다순'을 입력하여 확인했더라면 좋았을 텐데 하는 아쉬움이 남았다. 이런 예는 많다. '뛰어가다'를 '뛰어 가다'로, '찾아다니다'를 '찾아 다니다'로 쓰면 안 된다.

교정교열가는 자신이 알고 있던 단어와 상식을 맹신해서는 안 된다. 조금이라도 의심이 가면 국립국어원 사이트에서 확인하자.

대중교양서는 가독성을 높이기 위해 큰 오류가 아닌 한 붙여 쓰는 경우가 많다. 특히 제목에서 그러한 예를 많이 찾아볼 수 있다. '수학공부, 한권으로 끝내기' 같은 경우다. 띄어쓰기에 맞게 하려면 '수학 공부, 한 권으로 끝내기'가 올바른 표기이다.

우리말에서 띄어쓰기 여부는 관용적으로 굳어진 것으로 인정을 받았느냐 그렇지 않느냐에 따라 결정되기도 한다. 가령 '있다, 없다'가 붙는 말은 원칙적으로는 띄어 쓰는데, 관용적으로 굳어진 표현은 붙여 쓴다.

[띄어 쓰기] 누워∨있다 / 서∨있다 / 앉아∨있다 / 용기∨있다
/ 재치∨있다 / 하고∨있다 / 예외∨없이 / 필요∨없다
[붙여 쓰기] 가만있다 / 거침없다 / 관계없다 / 다름없다 / 아랑곳없다
/ 힘없다 / 상관없다 / 소용없다 / 속절없다 / 재미있다

다음은 국립국어원에서 두 가지 표기를 모두 표준어로 인정한 어휘들을 정리한 것이다.

▶ 두 가지 표기를 모두 표준어로 인정한 경우

가뭄 / 가물	가엽다 / 가엾다
가위표 / 가새표	간질이다 / 간지럽히다
개발새발 / 괴발개발	고깃간 / 푸줏간
구안괘사 / 구안와사	굽실 / 굽신
깨뜨리다 / 깨트리다	꾀다 / 꼬시다
끼적거리다 / 끄적거리다	날개 / 나래
남우세스럽다 / 남사스럽다	냄새 / 내음
넘어뜨리다 / 넘어트리다	넝쿨 / 덩굴
눈초리 / 눈꼬리	된통 / 되게
두루뭉술하다 / 두리뭉실하다	딴전 / 딴청
떨어뜨리다 / 떨구다	뜰 / 뜨락
만날 / 맨날	매형 / 자형
먹을거리 / 먹거리	메우다 / 메꾸다
못자리 / 묏자리	무너뜨리다 / 무너트리다
바동바동 / 바둥바둥	복사뼈 / 복숭아뼈
삐치다 / 삐지다	새치름하다 / 새초롬하다
서럽다 / 섧다	섬뜩하다 / 섬찟하다

세간 / 세간살이	소고기 / 쇠고기
소기름 / 쇠기름	손자 / 손주(손자와 손녀)
쌉싸래하다 / 쌉싸름하다	야멸치다 / 야멸차다
어저께 / 어제	어수룩하다 / 어리숙하다
언덕배기 / 언덕바지	여쭙다 / 여쭈다
연방 / 연신	예 / 네
예쁘다 / 이쁘다	여태껏 / 입때껏
욕심꾸러기 / 욕심쟁이	우레 / 천둥
의논 / 의론	잎사귀 / 잎새
자물쇠 / 자물통	자장면 / 짜장면
진즉에 / 진작에	찌뿌듯하다 / 찌뿌둥하다
차지다 / 찰지다	친친 감다 / 칭칭 감다
출렁거리다 / 출렁대다	치근거리다 / 추근거리다
태껸 / 택견	토담 / 흙담
토란대 / 고운대	푸르다 / 푸르르다
품세 / 품새	허섭스레기 / 허접쓰레기
헛갈리다 / 헷갈리다	후텁지근하다 / 후덥지근하다

07
원고와 필자만 믿었다가 큰코다친다

　교정을 잘 보기 위해서는 필자의 의도를 정확히 파악할 수 있는 능력을 갖추어야 하지만 의도 파악이 지나쳐 필자의 의도를 왜곡할 수 있다. 따라서 필자의 처지에서 생각하되 의문이 있는 부분이 생기면 '맞을 거야' 하는 안이한 마음으로 넘어가서는 안 된다. 조금이라도 이상하다 싶으면 반드시 확인하고 넘어가야 한다.
　대부분의 필자들은 사회적으로 성공한 경우가 많아 바쁜 일정을 소화해야 하는 분들이 많다. 원고만 전문적으로 집필하는 분들이라도 한 군데 출판사의 원고만 집필하는 것이 아니기 때문에 원고마감 때에는 마감 일정에 쫓겨, 탈고한 뒤에 한 번만이라도 읽어 보면서 정리하면 좋을 텐데, 그 시간을 갖지 못하고 출판사에 바로 넘기는 경우가 많다.
　원칙적으로 원고의 내용은 집필자가 전적으로 책임을 지고 교정교열해야 하는 것이 맞다. 하지만 바쁜 필자를 대신해서 출판사에서 교정교열을 하는 경우가 대부분이어서 사실상 교정교열 업무는 출판에디터나 외주 교정교열가가 진행하고 있다. 규모가 큰 출판사에서는 교정교열 업무를 교정교열 전문가에게 외주로 의뢰하여 진행하는 경우가 일반적이다.

예전에 비해 교정교열가의 전문성이 확대되면서 필자들이 내용의 오류나 오타가 있음에도 불구하고 원고를 넘기는 경우가 많아졌다. 해당 분야의 전문성을 요하는 내용 외에는 필자들도 인터넷에 떠도는 글이나 다른 사람들이 이미 낸 책들을 인용하기도 하므로 그 책의 오류를 그대로 옮겨 놓기도 한다. 때문에 이름 있는 필자라고 하여 정확할 것이라는 편견을 깨는 게 좋다. 물론 매우 유명한 작가의 경우 단어 하나도 못 건드리게 하고 허락을 받고 수정해야 하는 예외도 있다. 그럴 때는 필자와 서로 협의하여 수정안을 반영하면 된다.

다만 교정자가 너무 문법적으로 교정을 보면 작가의 글맛이 사라지는 경우가 있다. 작가 나름대로 의미를 부여해서 만든 문장을 최대한 존중해 주어야 한다. 사투리나 속어, 은어, 비어도 원고의 성격에 따라서 그대로 살려 글맛을 내기도 한다.

출판 분야에 따라서 교정교열의 기준도 달라질 수 있다. 작가들의 창작물을 주로 펴내는 문예출판사에서는 지나치게 맞춤법 기준에 얽매이기보다는 작가의 집필 의도가 제대로 표현될 수 있도록 최대한 작가의 창작 의지를 존중해 주어야 한다. 그러나 학생들의 학습을 위해 펴내는 출판물에서는 철저하게 한글 맞춤법 기준에 맞도록 교정교열을 해야 한다.

어찌 보면 교정자는 필자의 첫 번째 독자인 셈이다. 교정자가 보아서 이해가 가지 않는 문장은 독자들도 이해하기 어렵다. 독자층이 어린이인지, 노인인지, 학생인지에 따라 교정교열의 원칙에 융통성을 두어야 한다.

필자가 원고를 출판사에 넘기면, 출판편집자는 그 파일을 교정교열가에게 그대로 넘겨서 파일 교정을 먼저 보게 한다. 단, 믿을 만한 교정교열 전문가일 때 말이다. 컴퓨터 파일에서 대부분의 오류를 바로잡은 뒤 편집디자이너에게 넘기면 디자인 작업이 훨씬 수월하다. 파일 교정을 볼 때도 마지막에는 원고를 전량 출력하여 교정을 봐야 한다. 그 파일을 넘길 때 필자와 출판기획자에게 수정된 사항에 대해 메모를 해서 이메일을 주고받으면 의사소통이 쉬워 일 진행이 빨라진다.

반면, 편집디자이너가 원고를 먼저 편집디자인한 후 1차 교정지를 전량 프린트하여 교정교열가에게 넘기기도 한다. 이 교정지에 1차 표시를 하게 되면 대부분 '딸기밭(출판 현장에서는 빨간색 교정 표시가 너무나 많을 경우 이렇게 부름)'이 되어 편집디자이너가 수정사항을 모두 고치기에는 시간이 오래 걸리고 완벽하게 고치기도 힘들다.

대부분의 출판사에서는 처음 교정교열을 의뢰할 경우 교정 실력을 테스트한다. 최근에는 출판편집자나 편집디자이너를

채용할 때에도 교정교열 시험을 보는 출판사가 많다.

교정교열가는 아래한글 같은 문서편집 프로그램의 고급 기능을 능숙하게 다룰 줄 알아야 한다. 가령 찾아바꾸기 기능을 이용하면 좀 더 효율적으로 수정할 수 있다. 두 칸 띄어진 것을 찾아 한 칸으로 바꾸도록 하면 하나의 문서 안에 두 칸 띄어진 것을 한 칸으로 바꿀 수 있어 편리하다.

컴퓨터의 문서편집 프로그램에는 자동 맞춤법 기능이 있다. 이 기능은 오타를 찾아주므로 편리하긴 하지만 100% 완벽하지는 않다. 하지만 프로그램 자체에서 무조건 자동으로 바꾸는 단어도 있으므로 유의해야 한다. 가령 아래한글에서 국민학교를 입력하면 자동으로 초등학교로 바뀐다. 국민학교라는 용어를 반드시 넣어야 하는 글이라도 컴퓨터는 오로지 국민학교가 초등학교의 잘못된 표현이라는 것만 인지할 뿐이다.

기계는 어디까지나 인간의 보조도구여야지 인간의 주인이 되어서는 안 된다. 첨단기술과 인공지능에 의존하지 말고 인간으로서의 자존감과 주체성을 갖고 출판물의 성격과 출판 원고의 내용에 알맞은 빛깔과 향기를 부여해야 한다.

처음 원고를 읽을 때는 컴퓨터의 자동 맞춤법 기능에서 표시하는 빨간줄을 살펴보면서 교정하는 것이 도움이 되겠지만, 정식으로 교정교열을 할 때는 자동 맞춤법 기능을 끄고 교정을 보는 것이 바람직하다.

08
교정교열가도 좋은 글을 쓸 줄 알아야 한다

틀린 글자만 찾아서 바로잡는다고 교정교열이 끝난 게 아니다. 보다 중요한 것은 교정교열가도 출판물의 원고를 다룰 수 있어야 한다는 점이다. 원고의 수준을 가늠할 정도의 실력을 갖추려면 뛰어난 문장 감각이 있어야 한다. 출판물의 내용에서 '사실적 오류'를 잡아내려면 '풍부한 상식과 지식'도 갖춰야 한다.

교정교열가는 거친 문장이나 잔뜩 꼬인 문장을 독자들이 이해하기 쉽도록 자연스러운 문장으로 다듬을 수 있어야 한다. 문장 수정을 능수능란하게 하려면 평소에 작문 실력을 갖춰 두어야 한다. 글쓰기는 고쳐도, 고쳐도 완치가 없는 힘든 작업에 속한다. 같은 의미를 가진 문장이라도 글쓴이가 가진 사상과 인격에 따라 전혀 다른 표현으로 탈바꿈되기도 한다. 특히 원서를 번역 출판할 경우 번역자의 감수성과 표현력이 그 책을 베스트셀러로 만들 것이냐, 말 것이냐를 좌우할 만큼 글쓰기

능력은 중요하다.

  평소 다양한 분야의 책을 읽으면서 새로운 표현을 만나면 나만의 글쓰기 노트에 옮겨 적는다. 좋아하는 작가의 문장을 그대로 옮겨 써 보는 것도 좋은 방법이다. SNS나 블로그도 좋은 글쓰기 연습장이 된다. 새로운 표현법을 발견하면 그대로 표절하지 말고 자신만의 표현으로 재구성할 줄 알아야 한다.

  글쓰기의 출발은 경험이 아니라 생각이다. 사람들은 똑같은 장소에 여행을 갔다 왔다고 해도 각자의 느낌, 판단 기준에 따라서 서로 다른 생각을 하고 다르게 표현을 한다. 똑같은 책을 읽었는데 독후감이 다 다르듯이 말이다. 일상 속에서 떠오르는 생각을 글로 옮겨 적는 연습을 하다 보면 어느 순간, 잔뜩 꼬인 필자의 원고를 바로잡을 수 있는 능력을 갖게 될 것이다. 드라마만 보고도 작가가 누구인지, 글만 읽어도 그 글을 쓴 필자가 누구인지 얼추 알 수 있는 것은 글에 필자의 생각이 그대로 녹아 있기 때문이다.

  교정교열을 하다 보면 특별한 표현을 쓰는 필자들이 많음을 알 수 있다. 이러한 때는 필자의 표현법을 존중해 주어야 한다. 예를 들어 '얼굴이 불콰해져서 그가 말했다.'에서 '불콰하다'가 문제다. 흔히 쓰는 '불쾌하다'의 오타인가 생각되어 무심결에 고치면 안 된다. '불콰하다'는 '얼굴빛이 술기운을 띠거나 혈기가 좋아 불그레하다'라는 뜻이다. 앞뒤 문맥을 살펴서 이 표현을 살릴 것인가를 결정해야 한다.

교정교열가가 필자에게 원고의 내용에 대하여 단순히 좋다고 호응해 주는 것은 가장 초보적인 반응이다. 필자의 원고에 대하여 적극적으로 의견을 개진해 줄 수 있을 때 필자도 교정교열가를 함부로 대하지 않고 문장에 대한 전문가로서 존중을 하게 된다. 그렇다고 필자에게 지나치게 잘난 체를 하는 것은 바람직하지 않다. 교정지에 새빨갛게 줄을 긋고 자신의 기준대로 고쳐서 필자에게 보낼 경우 필자는 마음이 상할 수 있다. 그러므로 필자에게 교정지를 보낼 때에는 눈에 잘 띄도록 붙임쪽지(포스트잇)를 붙이고 수정 의견에 대해서는 빨간 펜보다는 연필로 '이렇게 고치는 것이 좋겠다.'는 의견을 적고 필자의 허락을 구하는 것이 바람직하다.

원고에 다른 필자의 글을 인용할 때에는 반드시 출처를 밝혀야 한다. 절대로 표절을 하면 안 된다. 제삼자에 대한 명예를 훼손할 수 있는 내용, 검증되지 않은 정보, 출처가 명확하지 않은 잘못된 내용을 쓰지 않도록 주의한다.

어휘를 정확하게 사용하고, 사실관계에서 오류가 없도록 관련 자료와 대조 확인하면서 원고를 작성해야 좋은 문장을 만들 수 있다. 아울러 문법과 문맥에 맞아야 하고, 접속사 사용을 자제하며, 주어가 함부로 뒤바뀌지 않도록 해야 한다.

평소에 사용하지 않는 어려운 한자어나 한문식 어투, 일본식 표현, 무분별한 서구어를 사용하는 것은 주체성을 상실한 표현이므로 우리말로 순화하여 쓰는 것이 바람직하다.

간주하다 (×) → 여기다

경유하여 (×) → 거쳐서

고딕체 (×) → 돋움체

기스 (×) → 흠집

더블 클릭 (×) → 두 번 누르기

마타도어 (×) → 흑색선전

망년회 (×) → 송년회

명조체 (×) → 바탕체

반상회 (×) → 주민회

보카시 / 그러데이션 (×) → 계조 / 바림

볼드체 (×) → 굵은지

베다 (×) → 배경색

서포터스 (×) → 후원자

세네카 (×) → 책등

제본 (×) → 제책

지분 (×) → 몫

치킨게임 (×) → 끝장승부

사실을 왜곡하거나, 논리에 맞지 않는 표현도 피해야 한다.

꼼짝 말고 손 들어! (×) → 손 들고 꼼짝 마!

마이크가 안 나온다 (×) → 마이크의 소리가 안 나온다

맨발 벗고 뛰거라 (×) → 신발 벗고 뛰어라

발자국 소리 (×) → 발걸음 소리
웃통을 벗어라 (×) → 웃옷을 벗어라
을사보호조약 (×) → 을사늑약
피로 회복 (×) → 피로 해소, 원기 회복

겹치는 말을 쓰지 않도록 주의해야 한다.
공사를 준공하다 (×) → 준공하다
다시 재론하지 말아라 (×) → 다시 거론하지 말아라
돈을 송금하다 (×) → 돈을 보내다
머리를 삭발하다 (×) → 머리를 깎다
문제를 출제하다 (×) → 출제하다
미리 예습하다 (×) → 예습하다
상을 수여받다 (×) → 상을 받다
서로 상의하다 (×) → 상의하다
수입해 들여오다 (×) → 수입하다
시험에 응시하다 (×) → 응시하다
어려운 난관 (×) → 난관
역전 앞 (×) → 역 앞
자리에 착석하여 주십시오 (×) → 자리에 앉아 주십시오
지난해 연말 (×) → 지난해 말
직장을 사직하다 (×) → 직장을 그만두다
책을 읽는 독자 (×) → 독자

문장에서 신체 차별, 성 차별, 민족 차별, 직업 차별, 지방 차별, 종교 차별 등 차별하는 표현을 사용하지 않도록 유의해야 한다.

살색 (×) → 살구색
미망인 (×) → 부인
처녀작 (×) → 첫 작품
저출산 (×) → 저출생
유모차 (×) → 유아차
지잡대 (×) → 지방대

의미가 모호한 말도 쓰지 않도록 주의해야 한다. 가령 '나는 준치와 여치를 잡았다.'라고 하면 나 혼자서 물고기 준치와 곤충 여치를 잡았다는 것인지, 나와 나의 친구 준치가 함께 여치라는 곤충을 잡았다는 것인지 모호하다.

09
교정을 일곱 번 봐야 본전이다

　원고를 편집디자인해서 출력한 교정지로 받았다고 하자. 처음부터 교정지를 정독한다고 앞에서부터 차례로 읽다 보면 큰 틀을 놓치는 경우가 생길 수 있다. 한 번 정독했다고 교정이 끝난 게 아니다. 일곱 번 정도는 앞뒤를 넘기며 확인해야 최대한 오류를 바로잡을 수 있다.
　머리로 읽는 것, 눈으로 읽는 것, 손가락으로 읽는 것, 소리 내어 읽는 것의 차이가 있다. 가능하다면 입으로 소리 내어 읽으면서 교정을 보는 것이 가장 정확하다. 왜냐하면 한글은 소리글자이기 때문이다. 소리 내어 읽다가 어색한 부분이 있다면 그 부분에 무언가 오류가 있다는 것을 알 수 있다. 소리 내어 읽을 때에도 처음엔 아주 천천히 읽어 나가야 한다. 급하게 읽으면 놓치는 곳이 생기기 마련이다. 주변에 방해가 되지 않는다면 글자 하나하나를 손가락으로 짚어 가면서 소리 내어 읽는 습관을 기르자. 눈으로 읽으면 그냥 지나치기 쉬운 것도 소리 내어 읽을 때는 확인이 되므로 정확한 교정을 볼 수 있다.

교정지를 1쪽부터 순서대로 정독을 하고 소리 내어 읽는다고 해서 완벽하게 오류를 잡아내지 못한다. 교정 볼 사항을 항목별로 정해 표제지, 제목, 각주, 표, 그림 등을 원본 원고와 대조해 가며 교정 본 다음에 본문을 차례로 읽어 나가야 한다. 처음엔 페이지 표시가 맞는지 처음부터 끝까지 페이지만 보며 넘긴다. 그러고 나서 큰 구성을 이루는 각 장을 넘겨 보아야 한다.

처음엔 쭉 읽어 보면서 한 페이지에 한 행만 있는 곳, 한 행에 한 글자만 남은 곳, 가운뎃점 같은 특수 기호가 깨져서 나타나지 않는 곳 등이 있는지 살핀다. 문장 끝에 한 글자만 남는 곳은 문장의 내용을 조절하거나 문장의 자간을 조절하여 위의 행으로 붙여 주거나, 문장 끝이 두 글자 이상이 되도록 조정한다. 한 페이지가 한두 행으로 끝나는 곳은 앞 페이지에서 문장의 내용을 줄이거나 사진이나 도표의 크기를 조절하여 해당 페이지를 없애도록 한다.

본문 쪽수를 조정할 때 판형에 따라 전지 한 장을 몇 페이지로 인쇄하는지 계산하여 인쇄용지가 낭비되지 않도록 해야 한다. 일반적인 단행본 판형인 신국판(152mm×225mm)의 경우 전지 1페이지에 본문 16쪽이 나오므로 본문 쪽수를 8로 나눴을 때 딱 맞아떨어지도록 본문 쪽수를 조정해야 한다.

그리고 낯익은 단어가 더 위험하다는 사실을 명심해야 한다. 익숙한 말이나 자주 쓰는 말은 무의식중에 글자를 한 글자씩 인식하는 것이 아니라 의미단위로 인식하고 넘어가는 경우가 많으므로 유의해야 한다. 인간의 인지도를 알아보기 위한 한 실험에 따르면, 단어나 숫자, 기호 가운데에서 인간이 가장 빨리 알아본 것은 '어머니'라는 단어였다. 대부분 음절의 수가 적은 숫자나 기호, 알파벳을 먼저 알아볼 것으로 생각되었지만 실험 결과는 달랐다. 이 실험은 우리가 단어를 받아들일 때 음절별로 하나씩 읽고 이해하는 것이 아니라 의미단위로 한꺼번에 인식한다는 결과를 보여 준다.

원고의 교정교열에서도 마찬가지이다. 명백하게 오타인데도 눈이 글을 읽는 게 아니라 뇌가 의미단위로 이해하고 넘어가는 바람에 그 오타를 놓치는 경우가 많다. 때문에 흔한 단어나 익숙한 단어에 대해서도 글자를 하나하나 짚어 가면서 읽어야 한다.

10
초교에서 대부분의 오류를 바로잡아야 한다

　교정 작업에 있어 무엇보다 초교가 가장 중요하다. 많은 시간이 걸리더라도 초교에서 마지막이라는 생각으로 정독을 하며 꼼꼼하게 바로잡아야 한다. 초교 교정을 얼마나 잘 보는가에 따라 나머지 출간 일정이 순조롭게 이어지게 돼 있다.

　초교지에 빨간색 펜으로 교정 표시를 하여 1차 교정이 끝났다면 교정지를 필자에게 보여 확인을 받는 것이 좋다. 교정교열을 하다 보면 필자의 의도가 아닌 전혀 다른 의미로 해석되어 내용상 오류가 발생할 수도 있기 때문이다. 필자에게 확인할 사항이나 이런저런 기준으로 고쳤다는 메모를 첨부하여 확인해 줄 것을 정중히 요청하는 것이 좋다.

　먼저 초교를 받으면 원본인 최종 원고와 대조를 해야 한다. 디자인을 하는 과정에서 문장이 날아가거나, 그림이나 도표의 순서가 바뀌거나, 원고의 내용이 누락되어 사라진 경우도 있기 때문이다. 특히 도표 안의 수치나 글자들은 반드시 원본과 확인 작업을 거쳐야 한다. 손으로 일일이 입력해야 하는 도표가 많아서 엉뚱한 내용이 들어가 있는 경우가 많다.

또한 전체적인 편집체재와 장제목이나 절제목, 항제목의 서체가 통일되어 있는지, 글씨체와 굵기가 통일되어 있는지, 문장의 들여쓰기나 내어쓰기가 통일되어 있는지 교정지의 앞뒤를 넘겨가면서 꼼꼼하게 확인해야 한다.

지정한 대로 조판되었는지, 특수 기호나 문자는 제대로 출력되었는지, 필자 이름이 제대로 들어가 있는지, 도표 위치는 올바른지, 페이지 순서는 맞는지, 목차와 본문의 제목이 일치하는지 등 전체적인 항목을 점검한 뒤 본문의 한글 맞춤법과 띄어쓰기를 확인한다.

그리고 본문 내용에서 언급한 인용문 정보가 맞는지, 홈페이지 주소와 영어철자가 맞는지 일일이 확인해야 한다. 전화번호가 있는 원고는 전화를 걸어 확인하든지, 인터넷 홈페이지에 들러 모두 확인한다.

원고에서 띄어쓰기를 확인하지 않은 경우 가끔 띄어쓰기가 2칸씩 되어 있는 곳도 있으므로 빈칸도 그냥 넘어가지 말고 정독하여 찾아내야 한다. 문장의 행간 높이도 페이지마다 동일한지 확인해야 한다.

편집디자이너가 디자인을 하면서 무심코 컴퓨터의 키를 눌러서 엉뚱한 글자가 들어가거나, 행이 아래로 밀리는 실수를 하진 않았는지도 확인해야 한다.

초교→재교→3교로 갈수록 교정사항이 적어져서 화면 교정 때는 수정사항이 거의 없도록 교정량을 조절해야 한다. 3교 때에 여기저기 많이 들어고치는 경우 이곳에서 오류가 발생할 확률이 70% 이상이다.

될 수 있으면 초교에서 원고와 확인하면서 최대한 상세하게 교정을 보고, 재교부터는 초교에서 교정한 내용이 제대로 수정되었는지 확인하면서 내용적으로 완성도를 기할 수 있도록 교열을 하는 것이 좋다. 부득이하게 수정이 많은 부분은 신경 써서 두세 번 더 읽어 보면서 교정교열하여 오류가 없도록 해야 한다.

수험서나 학습참고서의 경우 시험 문제가 들어간 내용에서 문제 순서를 바꾸는 경우가 많으므로 교정교열할 때 문제와 정답이 일치하는지 반드시 확인해야 한다.

11
재교와 3교도 초교처럼 꼼꼼하게 본다

　재교지나 3교지가 나오면 먼저 초교지와 대조하여 초교지의 수정사항이 제대로 반영되었는가를 집중해서 확인해야 한다. 아무리 꼼꼼한 편집디자이너라도 초교지에 표시된 수정사항을 모두 고치지 못하고 몇 개씩 누락하는 실수를 하게 된다. 특히 문장 교열이 많은 경우나 도표 삽입 등 수정사항이 많을 경우 수정하면서 오류가 날 확률이 굉장히 높다. 그러므로 재교지를 받았을 때는 가장 먼저 초교지에 표시한 대로 수정이 되었는지 확인한다. 편집디자이너도 교정지의 수정사항을 빠뜨리지 않도록 완료 표시를 하면서 수정하는 것이 좋다.
　초교지와 대조가 끝나면 새로운 교정지에 누락된 부분을 표시한 후 처음부터 다시 정독을 하며 교정을 본다. 교정이 끝나고 O.K.를 낼 때에는 중간에 제목이나 본문 내용이 여러 번 수정되기도 하므로 핵심적인 사항을 중심으로 다시 한 번 점검한다. 특히 제목이나 필자 이름, 목차 페이지, 사진, 도표, 판권 등은 꼭 확인해야 한다. 도표의 경우 수정이 없는데도 앞뒤 수정된 페이지에 밀려서 도표의 위치가 달라지는 경우가 많다.

문장이나 글자를 삭제할 때에는 한 단락이 끝날 때까지 읽어봐야 한다. 왜냐하면 삭제된 부분의 앞뒤 문맥이 자연스럽게 연결되지 않을 수 있기 때문이다.

제목의 경우 큰 글자라 눈에 잘 띨 거라 생각하여 건성건성 보면 오히려 틀리기 쉬우므로 잘 확인해야 한다.

보조단에 있는 글자는 작은 글자도 들어가는 경우가 많아 눈에 잘 안 띄기 때믄에 오자가 나오기 쉽다. 특히 색이 들어간 글자라면 더욱 꼼꼼하게 확인해야 한다. 단락의 간격, 행간, 그림과 글줄 사이, 그림과 그림 사이 간격 등도 확인해야 한다. 각 단계별로 약물과 이미지의 위치가 맞게 들어갔는지도 확인해야 한다.

본문의 인쇄 색도가 2도인 경우에는 다른 색이 사용되지는 않았는지 확인해야 하고, 4도인 경우에는 컬러 지정된 부분이 잘못된 경우는 없는지 확인해야 한다.

본문에 사용한 서체도 제목, 중간제목, 페이지 표시, 사진 설명에 사용한 서체가 동일하게 사용되었는지 확인해야 한다.

번역도서의 경우 외국 출판사와의 계약사항을 다시 한 번 확인하면서 출판물 제작 때 약속한 사항을 이행하도록 해야 한다. 일반적으로 본문 2쪽에 원서를 어느 출판 에이전시를 통해 계약하였고 한국어판에 대해서는 어느 출판사가 저작권을 갖고 있는지 명기한다. 사진이나 그림에 대한 저작권 표시를 했는지도 확인해야 한다.

교정을 할 때 편집체재에 너무 신경 쓰다 보면 내용의 오류를 잡지 못하고 넘어갈 때가 있다. 내용의 오류를 잡는 데 최우선으로 신경 써야 한다. 모호한 내용이나 의문사항은 반드시 필자에게 확인을 받고 수정하도록 한다.

표지나 차례, 판권, 인명은 마지막까지 한 번 더 확인해야 한다. 일반적으로 표지, 차례, 판권 등은 본문 내용에 비해 상대적으로 교정 볼 수 있는 기회가 적다. 그러나 이 부분들을 소홀히 했다간 결정적인 실수를 저지를 수 있다. 표지나 차례, 판권에 실수를 해서 출판물을 새로 제작할 경우 제작비가 이중으로 들어 손실을 입을 수 있으므로 마지막까지 철저하게 점검해야 한다.

교정지는 교정 단계별로 혼선이 오지 않도록 초교지는 초교지대로, 재교지는 재교지대로 잘 정리해야 한다. 교정지에는 교정교열자의 이름과 교정 본 날짜도 표시해 둬야 한다.

최종 교정을 할 때는 편집배열표를 보면서 페이지별로 꼼꼼하게 확인해야 한다. 쪽 번호와 면주는 첫 페이지만 맞으면 자동적으로 다 맞게 되어 있어 소홀히 하기 쉽다. 마지막까지 확인해야 한다. 또한 문장의 끝이 밀려 다음 페이지로 넘어가거나, 〈보기〉의 마지막 항목이 날아간 것은 없는지 한 페이지가 끝나는 부분과 다른 페이지에 새로 시작되는 부분을 확인한다. 이미지가 빠지거나 서체가 변경된 것은 없는지, 표와 그림이 순서대로 들어갔는지도 한 번 더 확인한다.

사진이나 그림 등의 시각원고는 수정사항을 재교, 3교로 미루다가 그냥 잊어버리기 쉽다. 컷 원고는 대조할 대 실수가 많이 생길 수 있으므로 초교를 볼 때 반드시 원고를 보면서 정확하게 대조 교정을 해야 한다.

시각원고는 실저 원고의 색상과 모니터에서 보는 색상이 다르고 인쇄헸을 때 색상이 서로 다르다. 이렇게 색상 차이가 나는 것은 출력 환경이 서로 다르기 때문이다. 원래 의도한 색상을 구현하려면 컬러 교정을 꼼꼼하게 진행해야 한다.

컬러 교정에서는 색상이 지정한 대로 되어 있는지, 망점 처리는 지시대로 되어 있는지, 사진의 톤은 적절한지 확인한다. 출판물의 이미지와 색상은 인쇄할 기계로 인쇄 교정지를 출력하여 교정을 보고 인쇄하면 인쇄사고를 예방할 수 있다.

12
한 책 안에서 어휘와 띄어쓰기를 통일한다

한글 맞춤법을 보면 규칙의 예외를 인정하는 부분이 많이 있다. 띄어쓰기를 붙여도 되고 띄어도 되는 표현도 있다. 출판물에서 보조 용언을 붙일 것인지, 띨 것인지 먼저 기준을 정해 두고 통일해서 적용해야 한다. 예를 들어 '보여주었다'를 한 권의 책 안에서 '보여주었다', '보여 주었다'라고 다르게 쓰면 안 된다.

'대학 수학 능력 시험'에 대하여 한 권의 책 안에서 대수능, 수능시험, 수능, 대학수학능력시험, 대학 수학 능력 시험 등 여러 가지로 표기하지 말고 하나의 단어를 정해서 한 책 안에서 통일성 있게 표기해야 한다.

한글 맞춤법에서는 전문용어나 법률용어의 경우 붙여 씀을 허용한다. '급성 복막염', '청소년 보호법'이 원칙이지만 '급성복막염', '청소년보호법'도 허용한다. 하지만 '국가를당사자로하는계약에관한법률 제11조', '바닷말과물고기기르기'처럼 붙여 쓰면 안 된다.

흔히 교과서와 아동 만화책, 소년지와 성인용 잡지, 단행본, 신문 등 매체에 따라 띄어쓰기가 다르게 적용되고 있다. 학생용 교과서나 청소년용 매거진은 띄어쓰기 규정을 그대로 따른다. 명사와 명사 사이를 띄어 쓰고 보조 용언과 본용언을 무조건 띄어 쓴다.

학생들이 보는 책은 무조건 띄는 게 좋다는 강박관념일진 모르겠지만 우리나라 교과서에 띄어쓰기 오류가 많이 나타난다. 예를 들어 '그동안'은 '앞에서 이미 이야기한 만큼의 시간적 길이'를 의미하는 하나의 명사이다. 그런데 대부분의 교과서는 띄어쓰기를 했다.

'그때', '이곳', '그분' 등도 '그 때', '이 곳', '그 분'으로 모두 띄어져 있다. 아이들 책이라고 무조건 띄어 쓰는 게 아니라 하나의 명사인 것은 붙여 주는 게 바람직하다.

'이, 그, 저'와 의존명사가 결합한 말은 띄어 쓴다. 다만, 다음의 경우어는 붙여 쓴다.

이것, 그것, 저것 / 이분, 그분, 저분
이이, 그이, 저이 / 이자, 그자, 저자
이쪽, 그쪽, 저쪽 / 이편, 그편, 저편
이곳, 그곳, 저곳 / 이때, 그때, 접때
이번, 저번 / 그동안, 그사이

▶ 혼동하기 쉬운 띄어쓰기

틀린 띄어쓰기	올바른 띄어쓰기	틀린 띄어쓰기	올바른 띄어쓰기
가슴 속	가슴속	간 데 없다	간데없다
관계 없다	관계없다	그럴 듯하다	그럴듯하다
그밖에	그 밖에	난생 처음	난생처음
내친 김에	내친김에	더이상	더 이상
데려다 주다	데려다주다	도와 주다	도와주다
동틀녘	동틀 녘	될 성 부른	될성부른
뒷북 치다	뒷북치다	또다른	또 다른
또 다시	또다시	뛰어 가다	뛰어가다
마음놓다	마음 놓다	마음 먹다	마음먹다
마음 속	마음속	만원 어치	만 원어치
맛 있다	맛있다	머지 않다	머지않다
못 생기다	못생기다	못지 않다	못지않다
무엇 하다	무엇하다	밀어 주다	밀어주다
베스트 셀러	베스트셀러	별의 별	별의별
보아 주다	보아주다	빈 칸	빈칸

틀린 띄어쓰기	올바른 띄어쓰기	틀린 띄어쓰기	올바른 띄어쓰기
살아 생전	살아생전	삼천원 가량	삼천 원가량
삼촌 뻘	삼촌뻘	세살 배기	세 살배기
새벽 녘	새벽녘	쓸데 없다	쓸데없다
쓸데가없다	쓸 데가 없다	안될 뿐더러	안 될뿐더러
알은 척하다	알은척하다	얼마 짜리	얼마짜리
오래 되다	오래되다	오래 전부터	오래전부터
오랫 동안	오랫동안	온 몸	온몸
욕심 내다	욕심내다	울려퍼지다	울려 퍼지다
제 5대 회장	제5대 회장	죽을 힘	죽을힘
전국민	전 국민	첫 사랑	첫사랑
찬 물	찬물	큰일나다	큰일 나다
하릴 없다	하릴없다	한눈 팔다	한눈팔다
한량 없다	한량없다	함께가다	함께 가다
해뜰녘	해 뜰 녘	혼자 되다	혼자되다
흙 투성이	흙투성이	~할테냐	~할 테냐

13
이중 문자의 표기법 기준을 정한다

    출판물의 본문에서 한글과 한자를 함께 쓰는 경우 혹은 한글과 영어를 병기할 경우에는 한자나 영어를 어떻게 표기할 것인지 기준을 정해 두어야 한다.

    한글과 한자를 병기할 경우 한글 옆에 괄호를 넣고 이 안에 한자를 넣을지, 한글 뒤에 괄호 없이 작은 크기로 넣을지, 서체 종류와 크기를 어떻게 할 것인지, 별색을 사용할 것인지 등등 출판물의 성격에 따라 기준을 정해 통일감 있게 정리해야 한다.

    같은 한자가 반복해서 나올 경우에도 같은 한자가 맨 처음 나올 때만 병기를 하고 그 다음부터는 한글만 쓸 것인지, 각 장 혹은 각 절마다 맨 처음에만 허용할 것인지, 아니면 모두 한자를 병기할 것인지 등의 문제도 기준을 정해야 한다.

    대부분의 출판사에서 주로 사용하는 이중 문자의 표기법에 대한 교정교열 기준은 다음과 같다.

첫째, 한글과 한자 병기를 원칙으로 한다. 한자는 한글과 동일한 글씨체로 하되 글자의 크기를 1포인트 정도 낮춰서 넣으면 독자들이 책을 읽기에 편하다. 왜냐하면 아직 한자와 한글은 물론 영문자와 일본문자까지 모두 사용할 수 있도록 만든 BMP(Basic Multilingual Plane, 기본 다국어 평면) 폰트가 개발되어 있지 않다서 현저 개발되어 있는 한글 서체와 한자 서체를 함께 사용할 경우 한글보다 한자가 더 크게 보이기 때문이다. 한국출판문화산업진흥원에서 전자출판용 BMP폰트를 개발하기로 하고 2017년에 한글 11,172자와 영문자, 일문자, 한글고어, 숫자 등을 포함한 순바탕체를 개발하고, 2018년에 한자까지 개발하여 BMP폰트를 완성할 계획이었으나 안타깝게도 한자 개발비를 배정받지 못하여 한자는 개발하지 못하였다.

둘째, 한자가 반복해서 나올 경우에는 각 장별로 처음 나올 때만 괄호 안에 병기한다. 두 번째 나올 때부터는 표기를 하지 않아도 동일한 책에서 어떤 의미로 사용되는지 독자들이 알 수 있기 때문이다.

셋째, 인명인 경우에는 한글로 이름을 쓰고 괄호 안에 한자와 생몰연대를 표시한다. 정도전(鄭道傳, 1342~1398)

생몰연대를 모르거나 불확실한 내용임을 나타낼 때 물음표로 표시하고 비워 두지 않아야 한다. 최치원(崔致遠, 857~?)

넷째, 외국의 기관이나 단체는 괄호 안에 단체명을 병기한다. 세계보건기구(WHO), 국제연합(UN)

14
외국어의 철자 발음 표기법을 익힌다

출판물의 내용에 자주 등장하는 외래어 표기법을 정리해 두면 유용하게 활용할 수 있다.

보우트 (×) → 보트(boat)　　비젼 (×) → 비전(vision)
샵 (×) → 숍(shop)　　셀러리 (×) → 샐러리(salary)
스탭 (×) → 스태프(staff)　　심포지움 (×)→심포지엄(symposium)
써비스 (×) → 서비스(service)　　앵콜 (×) → 앙코르(encore)
쥬스 (×) → 주스(juice)　　컨셉 (×) → 콘셉트(concept)
케익 (×) → 케이크(cake)　　트랜드 (×) → 트렌드(trend)

영어 표기 중 철자 '~es'가 끝에 오면 '스'로 표기한다.
뉴욕타임즈 (×) → 뉴욕타임스(The New York Times)

영어 표기 중 철자 '~sh'가 끝에 오면 '시'로 표기한다.
리더쉽 (×) → 리더십　　잉글리쉬 (×) → 잉글리시

영어 표기 중 철자 f는 ㅍ으로 표기한다.
화일 (×) → 파일(file)　　　횔드 (×) → 필드(field)

외국의 국가명과 지명은 외래어 표기법(영어명)을 따른다.
그리이스 (×) → 그리스　　　니콰라과 (×) → 니카라과
라스베가스 (×) → 라스베이거스　먼하탄 (×) → 맨해튼
메사추세츠 (×) → 매사추세츠　몬트레이 (×) → 몬터레이
봄베이 (×) → 뭄바이　　　　브룩클린 (×) → 브루클린
베버리힐즈 (×) → 베벌리힐스　산타바바라 (×) → 샌타바버라
샌디에고 (×) → 샌디에이고　이태리 (×) → 이탈리아
펜실베니아 (×) → 펜실베이니아　칸느 / 깐느 (×) → 칸

한국 한자음으로 읽는 관용이 있는 중국과 일본의 지명은 두 가지 표기를 모두 인정한다.
도쿄(Tokyo) / 동경(東京)　　　베이징(Beijing) / 북경(北京)

외래어는 국어의 일부이므로 굳어진 국어식 발음이 있는 경우는 그 발음을 기준으로 표기한다. 관용이 뚜렷한 말은 관용을 존중하여 표기한다. 기업명처럼 고유명사도 그대로 표기한다.
라디오, 로켓, 밸런타인데이, 슈퍼마켓, 아이섀도, 점퍼, 콘트, 트로트, 맥도날드, 토요타, 할리우드

15
나만의 교정교열 노트를 만들자

한 권의 책이 만들어졌다 해도 독자들이 외면하면 곧 폐지 신세가 되고 만다. 독자들이 책을 구매해서 읽어야만 비로소 출판이 완성된다. 최근에는 판권에 교정 본 사람 이름을 올리는 출판사가 많아졌다. 판권에 당당하게 이름을 올릴 정도로 교정교열 전문가가 되려면 어떻게 해야 할까?

'나만의 교정교열 노트'를 만들자. 혼동하기 쉬운 낱말이나 띄어쓰기가 헷갈리는 낱말들을 발견할 때마다 정확한 표현을 사전에서 찾아 정리해 둔다. 항상 노트를 들고 다니면서 눈으로 보고 또 보면서 익혀야 한다. 출판 분야별로 자주 사용하는 단어들이 다르므로 자신이 주로 교정교열하는 분야의 단어들부터 잘 정리해 두면 더욱 좋다. 자신만의 기준을 잘 설정해 두면 실전에서 매우 요긴하게 사용할 수 있다.

그동안 표준어로 인정하지 않다가 인정하기 시작한 낱말들 또한 수시로 정리해 두어야 한다. '자장면'의 경우, 그동안 '짜장면'이 표준어로 인정되지 않다가 지금은 '자장면'과 함께 '짜장면'도 표준어로 인정되었다.

외국인들이 한글을 배울 때 많이 헷갈려하는 어휘 중 하나가 '잃어버리다'와 '잊어버리다'이다. 물건이 없어졌을 때 '잃어버리다'라고 하고, 한번 알았던 것을 기억해 내지 못하는 것을 '잊어버리다'라고 하는 것을 평소에는 잘 알지만 교정을 보면서 무심결에 실수할 수도 있으므로 유의해서 봐야 한다.

텔레비전을 보면 '다르다'와 '틀리다'를 혼동해서 사용하는 사람들이 자주 등장한다. '다르다'는 서로 같지 않다는 것이고, '틀리다'는 셈이나 사실 따위가 맞지 않다는 것이다.

나는 너와 생각이 틀리다. (×) → 나는 너와 생각이 다르다.

한자 '句'는 '구'로 읽지만 글과 결합할 때는 '귀'로 읽는다.
글귀(-句), 귀글(句-)

'-간'이 선택을 나타내는 말 뒤에 쓰이면 띄어 쓴다.
네가 먹든 안 먹든∨간에 (띄어 쓴다)

'-간'이 '관계(間)'를 나타내는 의존명사이면 띄어 쓰되, 한 단어로 굳어져 합성어로 인정된 경우에만 붙여 쓴다.

남녀∨간 / 부모 자식∨간 / 사제∨간 / 상호∨간 / 양자∨간 / 친구∨간

고부간 / 남매간 / 노소간 / 동기간 / 모녀간 / 모자간 / 부녀간 / 부자간 / 부부간 / 자매간 / 조손간 / 천지간 / 피차간 / 형제간

'-만'이 시간의 경과를 나타낼 때는 앞말과 띄어 쓴다.
초판이 3일 만에 다 팔렸다. / 이렇게 좋은 책을 얼마 만에 보는 거야?
'-만'이 조사로 사용될 때는 모두 앞말에 붙여 쓴다.
나만 알고 있는 필살기 / 늘 행복하게 꽃길만 걷자.

'-지'가 시간의 경과를 나타낼 때는 앞말과 띄어 쓴다.
이 책은 출간된 지 한 달 만에 대박이 났다. / 그가 떠난 지 1년이 됐다.
'-지'가 선택이나 추측, 가능성 여부를 나타낼 때는 앞말에 붙여 쓴다.
버스가 올지 안 올지 잘 모르겠다. / 정현이도 함께 만나는지 궁금하다.

'-데'가 '곳'이나 '장소', '일'이나 '것', '경우'의 뜻을 나타내는 의존명사로 쓰일 때는 띄어 쓴다.
예전에 가 본 데가 어디쯤인지 모르겠다. / 의지할 데 없는 사람
머리 아픈 데 먹는 약 / 도움을 필요로 하는 데가 많다.
그를 설득하는 데 삼 일 걸렸다. / 공부를 하는 데에 밤낮이 따로 있니?
지금 가는 데가 어디인데?
이외에 지난 일을 회상하거나 일정한 대답을 요구하며 물을 때는 앞말에 붙여 쓴다. 과거에 경험하여 알게 된 사실을 말할 때에도 붙여 쓴다.
그는 많이 불편한 것 같던데 지금은 어때?
그는 아직도 학생이데? / 그 신발은 얼만데?

날씨가 추운데 어딜 가니? / 네가 무엇인데 그런 소릴 하니?

그이가 말을 아주 잘하데. / 그 친구는 아들만 둘이데.

'-대'는 '~ㄴ다고 한다'의 준말로 남이 말한 내용을 간접적으로 전달할 때 쓰인다.

광현이가 출판사를 창업한대. / 내일 연락한대.

'-대'는 '~일 것 같으면'의 뜻을 나타내는 연결형 서술격 조사로도 쓰인다.

그도 사람일진대

'-대'는 앞으로 하려는 일을 미리 말할 때 쓰는 연결 어미로도 쓰인다.

생각하건대 / 원하건대 / 원컨대 / 요컨대 / 보건대 / 예컨대

'-로서'와 '-로써'도 주의해서 고정해야 한다.

'-로서'는 지위나 신분 또는 자격을 나타내는 격조사이다.

그것은 공무원으로서 할 일이 아니다. / 이 문제는 너로서 시작되었다.

'-로써'는 어떤 일의 수단이나 도구를 나타내는 격조사로 쓰이거나, 시간을 셈할 때 셈에 넣는 한계를 나타내거나, 어떤 일의 기준이 되는 시간임을 나타내는 격조사로 쓰인다.

이제는 눈물로써 호소하는 수밖에 없다.

고향을 떠난 지 올해로써 20년이 된다.

시험을 치르는 것이 이로써 일곱 번째가 된다.

▶ 혼동하기 쉬운 단어들

틀린 단어	올바른 단어	틀린 단어	올바른 단어
갯수	개수	괜시리	괜스레
깡총깡총	깡충깡충	껍질채	껍질째
끼여들기	끼어들기	내 꺼야	내 거야
내노라	내로라	노래말	노랫말
낚싯꾼	낚시꾼	낚시줄	낚싯줄
넓다랗다	널따랗다	널부러지다	널브러지다
농삿꾼	농사꾼	늙으막	늘그막
닥달하다	닦달하다	더우기	더욱이
도찐개찐	도긴개긴	된장찌게	된장찌개
만듬	만듦	머릿말	머리말
머리속	머릿속	멀지않아	머지않아
몇 일 동안	며칠 동안	모밀	메밀
방 한 간	방 한 칸	뵈요	봬요
빨래줄	빨랫줄	삭월세	사글세
설레이다	설레다	설립 년도	설립 연도
세째	셋째	숫놈	수놈
숫개	수캐	숫닭	수탉

틀린 단어	올바른 단어	틀린 단어	올바른 단어
쑥맥	숙맥	생각컨대	생각건대
속알머리	소갈머리	아니예요	아니에요
안밖	안팎	알맞는	알맞은
어쭙다	어줍다	어줍잖다	어쭙잖다
암코양이	암고양이	암돼지	암퇘지
열어제끼다	열어젖히다	오랫만에	오랜만에
우뢰	우레	으시대다	으스대다
일찌기	일찍이	조그만하다	조그마하다
짜집기	짜깁기	체신머리	채신머리
최대값	최댓값	최소값	최솟값
퀘퀘하다	퀴퀴하다	퇴마루	툇마루
트름	트림	할려고 한다	하려고 한다
해괴망칙	해괴망측	해꼬지	해코지
허얬다	허옜다	허트루	허투루
흥미거리	흥밋거리	희노애락	희로애락
~할껄	~할걸	~할께	~할게
~할런지	~할는지	2020연도	2020년도

제2부

문맥에 맞게 문장 다듬기

제 2 부

16
우리말에는 높임법 표현이 있다

　우리말의 높임법에는 주체를 높이는 표현법과 객체를 높이는 표현법, 그리고 상대를 높이는 표현법이 있다. 주체 높임법은 문장의 주어를 높이는 경우로, 조사 '께서'와 선어말 어미 '-시-'를 주로 사용한다.
　객체 높임법은 문장 안에서 주어의 행위가 미치는 대상, 즉 객체를 높여서 표현하면 된다. 상대 높임법은 말하는 이보다 듣는 이를 높이거나 낮추어 말하면 된다.
　우리말의 높임법 중 가장 많이 헷갈리는 것이 압존법이다. 압존법은 문장의 주체가 화자(말하는 이)보다는 높지만 청자(듣는 이)보다는 낮아, 그 주체를 높이지 못하는 어법(語法)을 말한다. 가령 '할아버지, 아버지가 아직 안 왔습니다.'라고 하는 것이다. 아이가 볼 때 아버지나 할아버지나 모두 높은 분이지만 할아버지에게 있어 아버지는 낮으므로 손자가 할아버지 앞에서는 아버지를 낮게 표현하는 것이다.

우리가 흔히 하는 말실수 중에 윗사람에게 '수고하세요', '고생하세요'라고 하는 표현이 있다. '수고'나 '고생'은 상대방에게 하라고 권할 수 없는 말이다. 아랫사람이나 동년배에게 '수고해'라고 쓸 수 있지만, 윗사람에게는 절대로 쓰면 안 될 말이다. 윗사람에게는 '고생하십니다', '고생 많으셨습니다'처럼 표현하는 게 바람직하다.

다음 문장들을 높임법에 맞게 고쳐 보자.

① 서연아, 선생님이 교무실로 빨리 오시래.
　→

☞ 서연아, 선생님께서 교무실로 빨리 오라고 하셔.
　※ 말을 한 주체인 선생님을 높여 주어야 한다.

② 선생님의 인사말씀이 계시겠습니다.
　→

☞ 선생님께서 인사말씀을 하시겠습니다.
　※ '있다'는 생물이나 무생물에 두루 쓰인다. '계시다'는 반드시 사람에만 쓰기 때문에 '인사말씀이 계시다'는 틀린 표현이다.

③ 사장님, 영업부장님께서 사장님에게 이 서류를 갖다드리라고 해서 가져왔습니다.
  →

☞ 사장님, 영업부장이 사장님께 이 서류를 갖다드리라고 해서 가져왔습니다.
 ※ 상급자에게 하급자를 높이면 안 된다.

④ 이 옷은 신상이세요. 사이즈 있으실 때 입어 보세요.
  →

☞ 이 옷은 신상이에요. 체형에 맞는 옷 있을 때 입어 보세요.
 ※ 사물을 높이면 안 된다. 사람에게만 높임말을 적용해야 한다.

⑤ 할아버지가 허리가 아파서 밥을 못 드신대요.
  →

☞ 할아버지께서 허리가 아프셔서 진지를 못 드신대요.
☞ 할아버지께서 편찮으셔서 진지를 잡숫지 못하신대요.
 ※ 간접 높임에는 '아프시다'를 쓰고, 주어인 할아버지를 높이는 직접 높임에는 '편찮으시다'를 쓰면 된다. '먹다'에 대한 높임말은 '드시다'와 '잡수시다' 둘 다 된다. '밥'에 대한 높임말은 '진지'를 쓴다.

17
문장의 기본 구조를 갖추어야 한다

우리말은 조사에 따라 의미가 달라진다. 다음의 세 문장은 그 의미가 확연하게 다르다.

너는 공부를 잘한다. / 너는 공부도 잘한다. / 너는 공부만 잘한다.

'공부를 잘한다'는 중립적인 표현이다. '공부도 잘한다'는 건 다른 것도 잘하는데 공부도 잘하는 것이므로 칭찬이다. 그러나 '공부만 잘한다'고 하면 공부 이외에 다른 것은 잘 못한다는 의미가 내포되어 있으므로 비난을 하는 것이 된다.

우리말은 똑같은 의미를 담고 있더라도 어떻게 표현하느냐에 따라 품격이 달라진다. 말이 길어지면 상대에 대한 배려가 느껴지고 말이 짧아지면 불친절하고 강압적인 느낌이 든다.

밥 먹자. / 식사하러 갑시다. / 시장기가 느껴지지 않으세요?

같은 사람을 지칭하는 용어라도 어떻게 표현하느냐에 따라 기분이 달라지기도 한다. 병원에서 간호를 담당하는 분들은 본인들의 호칭에 대해 의료법상 공식 명칭인 '간호사'라고 하면 의료 전문가로서 우대를 해준다고 생각하지만 일제 때 만든 호칭인 '간호원'이라고 하면 무시당했다고 생각할 수 있다.

인명을 살상하는 무기인 '미사일'을 개발해 놓고 이름을 '평화미사일'이라 지으면, 사람들은 미사일의 본질적인 의미는 망각한 채 평화를 지켜 주는 좋은 도구라고 생각하게 된다.

은행에서 발급하는 신용카드는 신용을 쌓는 카드이기 이전에 현금 없이 물건을 구매할 수 있는 외상카드이다. 만약 신용카드의 이름을 외상카드라고 했다면 이 카드를 사용하는 사람들이 지금처럼 많지는 않았을 것이다.

교정교열가는 이러한 언어의 미묘한 차이에 대해서도 잘 알고 있어야 한다. 이와 함께 국어의 형태론과 음운론과 통사론과 의미론에 대해서도 기본적인 소양을 갖춰야 한다.

우리말을 어법에 맞게 쓰기 위해서는 필요한 문장 성분을 갖추어 써야 한다. 하지만 의미 소통에 지장이 없는 한, 문장 성분을 생략할 수 있다. 모든 언어는 문장의 간결성과 함축성을 추구한다. 문장 성분을 생략해도 앞뒤 문맥을 통해 그 의미를 정확하게 알 수 있는 범위 안에서 생략하면 된다.

불필요한 문장 성분이 포함된 문장은 비문법적인 문장이 되기 쉽고, 내용의 의미가 중복되기 쉽다. 문장의 기본 구조를 갖추기 위해서는 무엇보다도 주어와 서술어가 호응해야 한다. 우리말의 특성상, 의미가 통할 때에는 주어를 생략하기도 하고, 문장이 길어질 때에는 이중 주어가 쓰여 난해한 문장이 되기도 한다. 앞말이 뒷말을 꾸미는 구조일 경우 그 거리가 가까운 곳에 위치하는 게 좋다.

또한 '그리, 별로, 전혀, 여간, 절대로'처럼 부정어와 함께 쓰이는 부사어는 서술어 사용에 조심해야 한다. '절대로 합격해야 돼.'라고 하면 안 되고 '반드시 합격해야 돼.'라고 표현해야 한다.

다음 문장들을 통해 어색한 부분을 찾아 자연스럽게 고치는 연습을 해 보자.

① 예전에는 교사들이 과학을 교과서 위주로 가르쳤지만, 요즘은 실험실습 위주로 과학이 가르쳐진다.
   →

☞ 예전에는 교사들이 과학을 교과서 위주로 가르쳤지만, 요즘은 과학을 실험실습 위주로 가르친다.
※ 비슷한 내용의 표현은 비슷한 문장 형태를 취하는 것이 내용을 이해하기에 좋다.

② 다음 달에 드로공사가 마무리되면, 머지않아 개통될 것이다.
→

☞ 다음 달에 도로공사가 마무리되면, 머지않아 고속도로가 개통될 것이다.
※ '마무리되다'의 주체는 '도로공사'이지만, 개통되는 주체는 '도로공사'가 아니므로 개통되는 주체인 '고속도로'가 들어가야 한다.

③ 미세먼지가 극심한 요즘에는 창문을 열고 공기를 환기하면 건강에 더 해롭다고 하더라.
→

☞ 미세먼지가 극심한 요즘에는 창문을 열고 환기하면 건강에 더 해롭다고 하더라.
※ '환기(換氣)'의 의미가 '탁한 공기를 맑은 공기로 바꿈'이라는 뜻이므로, '공기를 환기하다'라고 중복 사용하지 않아도 된다. '직장을 사직하다'가 아니라 '사직하다'라고 표현해야 하는 것과 같다.

④ 이번 주는 할 일이 너무 많아서 한 주가 금방 지나가 버린 것 같다.
→

☞ 이번 주는 할 일이 너무 많아서 금방 지나가 버렸다.
※ 일상생활에서 대화하듯이 문장을 쓰면 불필요한 문장 성분을 넣기 쉽다. '한 주가'라는 주어를 반복할 필요가 없다.

⑤ 이번 100m 달리기 대회에서 송준기 선수가 세운 기록은 한국 신기록의 종전 기록을 1초나 앞당긴 경이적이고 놀라운 기록입니다.
→

☞ 이번 100m 달리기 대회에서 송준기 선수가 세운 기록은 종전의 한국 신기록을 1초나 앞당긴 경이적인 기록입니다.
※ 강조하기 위해 수식어를 두 개 이상 지나치게 사용하면 문장 성분이 의미상 겹치기 쉽다.

⑥ 나는 6개월간의 어학연수 기간 동안 영어를 마스터할 것이다.

→

☞ 나는 6개월간의 어학연수를 하는 동안 영어를 마스터할 것이다.

※ '기간'과 '동안'의 의미가 중복되므로, '기간'을 삭제하고 '어학연수를 하는 동안'처럼 자연스럽게 수정하면 된다.

⑦ 나의 장점은 항상 사교성이 뛰어나고, 잘 웃으며, 어려운 사람을 보면 그냥 지나치지 못하며, 항상 긍정적인 사고를 한다는 것이 나의 큰 장점이다.

→

☞ 나의 장점을 손꼽아 보자면, 사교성이 뛰어나고, 잘 웃으며, 어려운 사람을 보면 그냥 지나치지 못하며, 항상 긍정적인 사고를 한다는 것이다.

※ '나의 장점은'과 '~나의 큰 장점이다'의 호응이 어색하다. '장점'이 중복되므로 서술부의 '장점이다'를 다른 서술어로 수정해야 한다.

⑧ 여러분에게 당부하고 싶은 것은 만일 여러분이 주변 환경을 탓하고 있다면 그런 생각은 버리시길 바랍니다.

→

☞ 여러분에게 당부하고 싶은 것은, 만일 여러분이 주변 환경을 탓하고 있다면 그런 생각을 버리라는 것입니다.
※ '여러분에게 당부하고 싶은 것은'이 주어부이므로, '~하는 것은 ~것이다'로 이어져야 자연스럽다. 주어부와 서술부의 호응이 자연스러워야 좋은 문장이다. 주어부가 두 개 겹칠 때는 앞의 주어가 끝나는 자리에 '~싶은 것은,'처럼 쉼표를 넣는다.

⑨ 오염된 강물이 다시 깨끗해지려면, 많은 노력과 비용은 물론이고 오랜 시간이 든다.

→

☞ 오염된 강물이 다시 깨끗해지려면, 많은 노력과 비용이 들고, 오랜 시간이 걸린다.
※ '노력'과 '비용'은 '들다'로, '시간'은 '걸리다'로 호응해야 한다.

⑩ 현재의 공무원 연금 제도는 대대즉인 개혁이 불가피할 전망이다.

→

☞ 현재의 공무원 연금 제도는 대대적인 개혁이 불가피할 것으로 전문가들은 전망하고 있다.

※ '현재의 공무원 연금 제도는'과 '전망이다'의 호응이 어색하므로, '전문가들은 전망하다' 또는 '정책은 전망되다'와 같이 자연스럽게 고쳐야 한다.

⑪ 현대 사회에서 여자 혼자서 아이를 키운다는 게 여간 쉬운 일이 아니다.

→

☞ 현대 사회에서 여자 혼자서 아이를 키운다는 게 여간 어려운 일이 아니다.

※ 부사인 '여간'은 주로 부정의 의미를 나타내는 말과 함께 쓰인다. 형용사인 '여간하다'도 '아니다', '않다' 따위의 부정어 앞에 쓰여 '이만저만하거나 어지간하다'라는 뜻으로 쓰인다. '비는 여간해서 그칠 것 같지 않았다.'

⑫ 너는 승진시험에 절대로 합격해야 돼.
 →

☞ 너는 승진시험에 반드시 합격해야 돼.
☞ 너는 승진시험에 절대로 떨어지면 안 돼.
※ '절대로'는 부정어와 호응하는 부사이므로 '합격하다' 같은 긍정 표현에는 쓸 수 없다. '반드시'를 쓰거나 부정어를 사용한 다른 표현으로 바꾸는 것이 적절하다.

⑬ 한결같이 불쌍한 고아들을 위해 봉사활동을 하는 사람들이 많다.
 →

☞ 불쌍한 고아들을 위해 한결같이 봉사활동을 하는 사람들이 많다.
※ '한결같이 불쌍한 아이들'이라고 하면 '한결같이'가 '불쌍한'을 수식하게 되어 완전히 다른 의미가 된다. 어순을 의미에 맞게 조정해야 한다.

⑭ 용감한 소년의 아버지는 뜨거운 불길을 뚫고 많은 사람들을 구해 냈다.

→

☞ 소년의 용감한 아버지는 뜨거운 불길을 뚫고 많은 사람들을 구해 냈다.
※ 용감한 사람이 소년인지 소년의 아버지인지 명확하게 전달하려면 중의적으로 해석되지 않도록 꾸며 주는 말의 위치에 주의해야 한다.

⑮ 설악산국립공원은 무단 취사 행위를 금하며 자연공원법에 의거하여 처벌을 받습니다.

→

☞ 설악산국립공원에서 무단 취사를 하는 사람은 자연공원법에 의거하여 처벌 받게 됩니다.
※ 전체 문장의 주어인 '설악산국립공원은'과 서술어 '처벌을 받습니다'의 호응이 어색하므로, '무단 취사를 하는 사람'을 주어로 하여 문장을 고치면 자연스럽다.

18
자연스러운 문장으로 고치는 연습을 한다

일반적으로 문장이 길어지면 가독성이 떨어지고 문장의 의미를 이해하기도 힘들어진다. 직접 글을 쓰거나 남의 글을 고칠 때는 긴 문장을 짧은 문장으로 고쳐 글을 간단명료하게 만드는 것이 좋다. 두 문장이 필연적으로 연관된 게 아니면 문장을 나누는 게 좋다. 그렇다고 지나치게 짧은 문장만 반복되면 리듬감이 없어진다. 짧은 문장과 긴 문장이 적절하게 조화를 이루는 것이 좋다.

다른 사람들의 생각을 살피면서 조심스럽게 자신의 의사를 표현하다 보면 의식적으로 말끝마다 '~것 같다', '~같은데'라는 표현을 자주 사용하게 된다. 이러한 표현을 습관적으로 사용하다 보면 점점 주체성을 상실하게 된다.

추정을 나타내는 '~것 같다'라는 표현은 과거 사실을 보고하거나 객관적인 현상을 짐작할 때만 사용해야 한다. '맛있다', '재미있다'처럼 주관적인 심정을 나타내거나, '내일은 토요일이야.' 같은 확실한 사실을 말할 때는 추측성 표현을 사용하지 않도록 한다.

단어를 어떻게 쓰느냐에 따라 그 문장의 의미가 완전히 달라지기도 하고, 이해하기 어려운 문장이 되기도 한다. 간단한 문장부터 복잡한 문단까지 수정하는 연습을 해 보면 실력이 늘 것이다. 다음 문장들을 올바르게 고쳐 보면서 자신만의 교정 교열 감각을 길러 보자.

① 이 식당의 불고기 요리는 정말 맛있는 것 같아요.
→

☞ 이 식당의 불고기 요리는 정말 맛있어요.
※ 주관적인 심정을 나타낼 때 추측성 표현을 하는 것은 바람직하지 않다. 자신의 견해를 정확하게 밝히는 것이 좋다.

② 선생님, 즐거운 주말 되시기 바랍니다. 건강하세요.
→

☞ 선생님, 즐거운 주말을 보내시기 바랍니다. 건강하게 지내세요.
※ 형용사인 '건강하다'와 '행복하다' 등에 명령형 어미를 붙인 '건강하세요', '행복하세요'라는 말은 잘못된 표현이다.

③ 안전운전하는 것은 아무리 강조해도 지나치지 않는다.
  →

☞ 안전운전은 아무리 강조해도 지나침이 없다.
※ 주어부와 서술부의 자연스러운 연결이 중요하다.

④ 지금으로부터 한국출판연구소의 출판포럼을 시작하겠습니다. 먼저 김종수 이사장의 개회사가 계시겠습니다.
  →

☞ 지금부터 한국출판연구소의 출판포럼을 시작하겠습니다. 먼저 김종수 이사장께서 개회사를 하시겠습니다.
※ '지금으로부터'는 현재 시점에서 과거의 일이나 미래의 일을 이야기할 때 사용하는 말이다.
  예) 그 사건은 지금으로부터 30년 전에 일어난 일이다.
※ '개회사가 계시겠습니다.'처럼 사물에 높임말을 붙이면 안 된다.
  예) 커피가 나오시겠습니다. (×)
      이 옷은 구만 원이십니다. (×)

⑤ 12월 29일 17시에 출판교육연구회 자료집 편집기획회의를 갖겠습니다.

→

☞ 12월 29일 오후 5시에 출판교육연구회 자료집 편집기획회의를 하겠습니다.
※ '회의를 갖는다'보다 '회의를 한다'라는 표현이 더 자연스럽다.

⑥ 한국편집학회가 발전하게 된 것은 학회 고문과 회장단과 상임이사와 이사와 학회원들의 이루 헤아릴 수 없이 많은 노고와 피와 땀과 열정을 다해 노력하였기에 가능한 일이었다고 생각하는 바입니다.

→

☞ 한국편집학회가 발전하게 된 것은 학회원 모두가 열정적으로 참여해 주셨기에 가능하였습니다.
※ 비슷비슷한 의미의 어휘를 나열하지 않고 내용을 간결하고 명확하게 전달할 수 있도록 쓴 글이 자연스럽다.

19
사역동사 사용을 자제한다

사역동사를 불필요하게 많이 붙여서 글을 쓰는 사람들이 있다. '만들어지는', '되어지는', '불리워지는' 등의 표현이 자주 등장하는 문장을 의미가 변하지 않는 선에서 자연스러운 표현으로 고치는 연습이 필요하다.

동사의 주체를 명확히 드러내게 하는 데 중점을 두어 꼭 필요한 자리에만 사역동사를 써야 한다.

다음 문장들에서 사역동사를 찾아 자연스러운 표현으로 고쳐 보자.

① 잎에서 만들어지는 물질이 무엇인지 알아보자.
   →

☞ 잎이 어떤 물질을 만드는지 알아보자.

② 어려서부터 영재교육으로 키워지는 아이들이 모두 성공하는 것은 아니다.
→

☞ 어려서부터 영재교육을 받은 아이들이 모두 성공하는 것은 아니다.

③ 외국인 노동자 중에서 불법 체류자는 본국으로 돌려보내져야 한다.
→

☞ 외국인 노동자 중에서 불법 체류자를 본국으로 돌려보내야 한다.

④ 남공산 작가의 이 소설은 실화를 바탕으로 써졌다.
→

☞ 남공산 작가는 실화를 바탕으로 이 소설을 썼다.

⑤ 나의 억울한 누명이 밝혀져야 편히 잠을 잘 수 있을 것
  이다.
 →

☞ 나는 억울한 누명을 밝혀야 편히 잠을 잘 수 있을 것이다.

⑥ 더욱 살기 좋은 나라로 만들어지려면 근로기준법이 개정
  되어져야 한다.
 →

☞ 더욱 살기 좋은 나라를 만들기 위해서 근로기준법을 개정해야
  한다.

⑦ 어린이보호구역에서는 과속하면 안 된다고 인식되어져야
  안전사고를 줄일 수 있다.
 →

☞ 어린이보호구역에서는 과속하면 안 된다고 인식해야
  안전사고를 줄일 수 있다.

⑧ 영어 원서를 번역 출판할 때 유의할 점은 번역자에 의해 그 뜻이 다르게 해석되어지기도 한다는 것이다.

→

☞ 영어 원서를 번역 출판할 때 번역자에 따라 원서의 뜻이 다르게 해석된다는 점을 유의해야 한다.

⑨ 이번 아이돌 그룹이 결성되어진 것은 이미 10년 전부터 철저하게 기획되어졌다.

→

☞ 이번 아이돌 그룹 결성은 10년 전부터 철저하게 기획한 것이다.

⑩ 흔히 '음악의 아버지'라고 불리워지는 바흐는 독일 사람이다.

→

☞ 흔히 '음악의 아버지'라고 불리는 바흐는 독일 사람이다.

20
군더더기 말은 삭제한다

원고를 읽다 보면 일본식 표현이나 구어적으로 쓰던 말버릇을 글로 그대로 옮겨 놓은 경우를 많이 보게 된다. 필요 없이 조사를 겹쳐 쓰기도 한다. 예를 들면 '우리나라의 출판산업의 발전을 위한 교정교열가의 자세'처럼 '의'가 여러 번 반복되는 문장은 좋은 문장이라고 할 수 없다. 일본말의 영향인 '의'를 될 수 있는 대로 사용하지 않아야 이해하기 쉬운 글이 된다.

한글 맞춤법에 어긋나는 건 아니지만 더 부드러운 표현으로 문장을 바꾸는 연습을 해 보자.

① 문학작품에 있어서의 독창성은 매우 중요하다.
  →

☞ 문학작품의 독창성은 매우 중요하다.

② 고등학교 때 담임 선생님께서는 우리들 모두의 이름을 불러 주셨다.

→

☞ 고등학교 때 담임 선생님께서는 우리들 이름을 모두 불러 주셨다.

③ 우리나라의 경제는 정치와의 연관을 무시할 수 없다.

→

☞ 우리나라의 경제는 정치와 연관됨을 무시할 수 없다.

④ 대한민국 정브는 북한과의 교류를 증대시키려 적극적으로 느력 중이다.

→

☞ 대한민국 정부는 북한과 교류를 증대시키기 위해 적극적으로 노력하고 있다.

⑤ 그녀는 연기에의 집념을 불사르며 혼신의 힘을 쏟았다.
→

☞ 그녀는 연기에 대한 집념을 불사르며 혼신의 힘을 쏟았다.

⑥ 당신은 회사를 그만두고 앞으로의 대비책이 있으신가요?
→

☞ 당신은 회사를 그만두고 앞으로 대비할 방법이 있으신가요?

⑦ 프랑스에서의 유학 생활을 녹록하게 봤다가는 큰코다친다. 프랑스어의 언어의 장벽을 뛰어넘기란 여간 쉽지 않기 때문이다.
→

☞ 프랑스 유학 생활을 녹록하게 봤다가는 큰코다친다. 프랑스어의 장벽을 뛰어넘기가 여간 어려운 일이 아니기 때문이다.

⑧ 서울시 조례가 개정되어 서울광장이 서울 시민으로서의 자유를 보장 받는 공간이 되어야 한다.
→

☞ 서울시 조례를 개정하여 서울광장을 서울 시민으로서 누릴 자유를 보장하는 공간으로 만들어야 한다.

⑨ 아는 것으로부터의 자유를 만끽하라.
→

☞ 아는 것에서 벗어나 자유로움을 만끽하라.

⑩ 이화 작가의 출판기념회는 2021년 9월 18일 오후 7시에서부터 프레스센터에서 개최되어질 예정이다.
→

☞ 이화 작가는 출판기념회를 2021년 9월 18일 오후 7시에 프레스센터에서 개최한다.

⑪ 저는 여러분으로부터 부름을 받아 이번 선거에 나오게 되었습니다.
→

☞ 저는 여러분의 부름을 받아 이번 선거에 나왔습니다.

⑫ 교원임용고시에 합격해야 교사에로의 길이 열린다.
→

☞ 교원임용고시에 합격해야 교사가 되는 길이 열린다.

⑬ 대한민국의 출판문화산업 또한 상업주의에 의해 지배당하고 있다.
→

☞ 대한민국의 출판문화산업 또한 상업주의에 지배당하고 있다.

⑭ 너는 편의점의 알바의 일을 그만두고 보다 중요시되는 일을 하는 사람으로써 거듭나져야 한다.

→

☞ 너는 편의점에서 아르바이트하는 것을 그만두고 더욱 중요한 일을 하는 사람으로 거듭나야 한다.

⑮ 내 아이의 영재성을 교육시키기 위해 외국으로 보내지는 조기 유학은 하나의 흐름에 다름 아닌 것 같다.

→

☞ 내 아이를 영재로 키우기 위해 외국으로 보내는 조기 유학은 하나의 흐름이다.

제3부

제3부 교정교열 실전 문제

21
한글 맞춤법 실전 문제 1단계

1. 국어사전에서 먼저 찾는 순서대로 나열하시오.
① 과속 ② 궤변 ③ 꿩고기 ④ 깡마르다 ⑤ 농부

2. 다음 중 한글 맞춤법에 어긋나는 것을 고르시오.
① 윗어른 ② 웃돈 ③ 윗목 ④ 윗잇몸 ⑤ 웃옷

3. 다음 중 한글 맞춤법에 어긋나는 것을 고르시오.
① 예사말 ② 인사말 ③ 존댓말 ④ 혼잣말 ⑤ 노랫말

4. 다음 중 한글 맞춤법에 맞는 것을 고르시오.
① 마굿간 ② 숫꿩 ③ 윗층 ④ 촛점 ⑤ 호숫가

5. 다음 중 한글 맞춤법에 모두 어긋난 것을 고르시오.
① 가욋일 – 곗날 – 곳간
② 나뭇잎 – 나뭇가지 – 나무배
③ 뒷사람 – 뒷일 – 뒷입맛
④ 뒷편 – 뒷풀이 – 뒷뜰
⑤ 등굣길 – 모깃불 – 빨랫줄

6. 다음 중 한글 맞춤법에 어긋난 단어가 포함된 것을 고르시오.
① 머릿수건 – 뱃병 – 베갯잇 – 샛강
② 섣달 – 사흗날 – 초나흗날 – 반짇고리
③ 쇳조각 – 숫쥐 – 선짓국 – 셋방
④ 아랫니 – 양칫물 – 예삿일 – 우윳빛
⑤ 전셋방 – 전셋집 – 찻집 – 콧병

7. 다음 중 한글 맞춤법에 모두 맞는 것을 고르시오.
① 강냉이 – 아지랭이 – 고추냉이
② 멋쟁이 – 대장장이 – 개구장이
③ 냄비 – 피자집 – 손톱깎이
④ 우렛소리 – 육개장 – 사글세
⑤ 오뚝이 – 풋나기 – 떡볶기

8. 다음 중 복수 표준어가 아닌 것을 고르시오.
① 만날 - 맨날
② 두루뭉술하다 - 두리뭉실하다
③ 괴발개발 - 개발새발
④ 이쁘다 - 예쁘다
⑤ 도긴개긴 - 도찐개찐

9. 다음 부사의 끝음절이 틀린 것을 고르시오.
① 길길이　　　② 나날이
③ 샅샅이　　　④ 빠듯이
⑤ 곰곰히

10. 다음 중 한글 맞춤법에 어긋난 단어가 포함된 것을 고르시오.
① 나무꾼 - 농사꾼
② 거적따기 - 나무때기
③ 대짜배기 - 귀퉁배기
④ 뚝빼기 - 곱빼기
⑤ 맛깔 - 때깔

[정답 및 해설]

1. ① ② ④ ③ ⑤

※ 사전에 등재되는 순서
초성인 경우 : ㄱ ㄲ ㄴ ㄷ ㄸ ㄹ ㅁ ㅂ ㅃ ㅅ ㅆ ㅇ ㅈ ㅉ ㅊ ㅋ ㅌ ㅍ ㅎ
같은 초성인 경우 모음 순서 :

ㅏ ㅐ ㅑ ㅒ ㅓ ㅔ ㅕ ㅖ ㅗ ㅘ ㅙ ㅚ ㅛ ㅜ ㅝ ㅞ ㅟ ㅠ ㅡ ㅢ ㅣ
초성과 중성이 같은 경우 종성의 자음 순서에 따르면 된다.

2. ① → 웃어른

3. ④ → 혼잣말

4. ⑤ 마구간, 수꿩, 위층, 초점

5. ④ → 뒤편, 뒤풀이, 뒤뜰

6. ⑤ → 전세방

※ 전세방 : 전세를 받고 빌려 주는 방. 전셋집 : 전세로 빌려 쓰는 집

7. ④ 아지랑이, 개구쟁이, 냄비, 풋내기, 떡볶이

8. ⑤

※ '도긴개긴'이 표준어이고 '도찐개찐'은 틀린 말이다.

9. ⑤ → 곰곰이

10. ④ → 뚝배기

22
한글 맞춤법 실전 문제 2단계

1. 다음 중 한글 맞춤법에 맞는 것을 고르시오.

① 초등학교 교정의 국기 계양대에 걸린 태극기가 바람에 휘날린다.
② 얘야, 너 정말 많이 힘들어 보인다. 휴계실에 가서 좀 쉬어라.
③ 민주는 학교 수업을 마치면 의례 친구들과 수다를 떨며 집으로 간다.
④ 교문 앞에 있는 게시판에 붙은 합격자 명단에 내 이름이 있었다.
⑤ 눈부시게 푸르른 가을날, 언덕 위에서 풀피리를 부니 닐리리 소리가 퍼져 나간다.

2. 다음 중 한글 맞춤법에 맞는 것을 고르시오.
① 아직도 남존녀비 사상을 운운하다니 한심하다.
② 신년도에는 실천 가능한 계획을 세워야겠다.
③ 홍길동은 한 잎도 안 쓰고 모두 이웃에게 나눠 주었다.
④ 재산을 은익한다고 해서 못 찾을 것 같은가?
⑤ 이 문장에서는 년도 표기를 생략해도 괜찮다.

3. 다음 중 한글 맞춤법에 맞는 것을 고르시오.
① 한라산 정상을 녹록하게 보았다가는 큰코다친다.
② 밀가루 반죽을 녹록하게 해야 돼.
③ 삼겹살을 불판에 얹어 놀롤하게 익혀 먹어야 맛있다.
④ 어제 남자 친구와 싸웠는데 아직도 사이가 냉냉하다.
⑤ 허리를 꼿꼿하게 펴고 앉아라.

4. 다음 중 한글 맞춤법에 어긋나는 것을 고르시오.
① 모두 이리로 와서 앉으시오.
② 여러분, 잠시만 기다려 주십시요.
③ 딸이에요, 아들이에요?
④ 이 금도끼가 내 것이고요, 저 은도끼는 내 것이 아니오.
⑤ 이 질문에 '예' 또는 '아니요'로 답을 하시오.

5. 다음 중 사잇소리 표기가 틀린 것을 고르시오.
① 그는 새벽 세 시에 일어나 노랫말을 지었다.
② 틀린 문제의 갯수를 잘 세어라.
③ 콩쥐는 1년 내내 허드렛일만 했다.
④ 부모님이 물려주신 오래된 가옥을 갯값에 넘기고 말았다.
⑤ 잦은 야근 때문에 밤새는 일이 예삿일로 되어 버렸다.

6. 다음 중 한글 맞춤법에 어긋나는 것을 고르시오.
① 아침에 고깃국을 먹었더니 든든하다.
② 최소값과 최대값을 구하라.
③ 옛일을 모두 기억하고 산다면 불행해질 것이다.
④ 할머니께서 내 손을 따뜻이 잡아 주셨다.
⑤ 내 일찍이 너처럼 현명한 사람은 본 적이 없다.

7. 다음 중 한글 맞춤법에 맞는 것을 고르시오.
① 우리나라 국기는 태극기에요.
② 오늘은 목요일이에요.
③ 이것이 바로 당신이 찾던 그 책예요.
④ 제 이름은 선영이예요.
⑤ 올해는 양띠 해에요.

8. 다음 중 한글 맞춤법에 어긋나는 것을 고르시오.
① 몸에 딱 맞는 양복을 맞추고 나니 괜스레 기분이 좋다.
② 소개팅에서 만난 그 남자는 행망적어 보여서 싫더라.
③ 옆집 아저씨는 항상 열퉁적은 말로 사람을 잘 놀린다.
④ 내 동생은 늘 자장면을 곱빼기로 시켜 먹는다.
⑤ 한라산 언덕배기에서 내려오다가 그만 미끄러졌다.

9. 다음 중 한글 맞춤법에 맞는 것을 고르시오.
① 2시까지 학교 정문으로 갈께.
② 그것참 그럴듯한 생각이구만.
③ 내가 이 일을 해낼 수 있을런지 잘 모르겠다.
④ 너만 보면 괜시리 마음이 설레인다.
⑤ 친정에서 추석을 쇠어서 기분이 좋다.

10. 다음 중 한글 맞춤법에 맞는 것을 고르시오.
① 그는 성실한 농삿군이라고 입소문이 자자한 사람이다.
② 국밥에 머리카락이 들어갈 리 없다며 길길이 날뛰었다.
③ 남의 애인을 빼앗고도 버젓히 웃고 다니냐?
④ 그는 대노(大怒)하여 얼굴이 시뻘게졌다.
⑤ 우리 인생은 희노애락(喜怒哀樂)이 있다.

[정답 및 해설]

1. ④ 게양대, 휴게실, 으레, 닐리리
2. ② 남존여비, 한 닢, 은닉, 연도

※ 두음법칙 : 본음이 '녀, 뇨, 뉴, 니'인 한자가 첫머리에 놓일 때는 '여, 요, 유, 이'로 적는다. 연도(年度), 열반(涅槃), 요도(尿道), 익사(溺死) 등. 고유어 중에서 녀석, 년(나쁜 년), 님(바느질 한 님), 닢(엽전 한 닢)은 두음법칙이 적용되지 않는다.

3. ① 녹녹하게, 놀놀하게, 냉랭하다, 꼿꼿하게
4. ② → 주십시오

※ '아니오'는 문장의 서술어로만 쓴다.
대답할 때 '예'의 반대말은 '아니요'이다.

5. ② → 개수

※ 한자어 사이에는 사이시옷을 붙이지 않는 것이 원칙이다. 다만 곳간, 셋방, 숫자, 찻간, 툇간, 횟수는 예외로 사이시옷을 붙인다.

6. ② → 최솟값, 최댓값
7. ④ 태극기예요, 목요일이에요, 책이에요, 해예요

※ 받침이 있는 인명은 접사 '이'가 먼저 붙는다. '선영이'에 '-이에요'가 결합한 것으로 줄여서 '선영이예요'가 된다. '책'처럼 받침이 있을 경우 '책예요'로 줄여 쓰지 않는다. 받침이 없을 경우에 줄여 쓴다.

8. ② → 행망쩍어(주의력이 없고 아둔하다)

※ 열퉁적다 : 말이나 행동이 조심성이 없고 거칠며 미련스럽다.

9. ⑤ 같게, 생각이구먼, 있을는지, 괜스레, 설렌다
10. ② 농사꾼, 버젓이, 대로, 희로애락

23
한글 맞춤법 실전 문제 3단계

1. 다음 중 한글 맞춤법에 어긋나는 것을 고르시오.
① 부산을 거쳐서 제주도로 가는 배편을 알아보아라.
② 세금이 잘 걷히면 복지정책도 좋아지겠지.
③ 안개가 걷히면 출발하는 게 좋겠다.
④ 이번 일은 걷잡을 수 없이 커졌다.
⑤ 콘서트에 온 관객은 걷잡아서 2만 명이다.

2. 다음 중 한글 맞춤법에 어긋나는 것을 고르시오.
① 기둥 밑을 돌로 바쳐 두어라.
② 들깨를 갈아 체로 밭쳐 걸러 두어라.
③ 횡단보도를 건너다가 트럭에 부딪혔다.
④ 겁먹지 말고 일단 부딪쳐 보아라.
⑤ 배추를 소금에 푹 절여라.

3. 다음 중 한글 맞춤법에 어긋나는 것을 고르시오.
① 늦기 전에 밥을 얼른 안쳐라.
② 아이들을 자리에 꿇어앉혔다.
③ 아버지는 내게 인사하는 버릇을 앉혀 주셨다.
④ 생선을 졸이던 고약한 냄새가 심하다.
⑤ 마음을 졸이다 합격자 명단을 보았다.

4. 다음 중 한글 맞춤법에 어긋나는 것을 고르시오.
① 이 일을 소화해 내기에 힘이 부친다.
② 봉투에 우표를 부쳐라.
③ '스승의 날에 부치는 글'을 낭독했다.
④ 이 안건을 회의에 부치는 바이다.
⑤ 김 노인은 아랫마을 논까지 부치고 있다.

5. 다음 중 한글 맞춤법에 어긋나는 것을 고르시오.
① 프로축구 우승팀을 맞혔다.
② 라디오를 뜯었다가 다시 맞추었다.
③ 누가 화살을 과녁에 맞혔지?
④ 이 문제의 답을 맞힌 사람이 있다.
⑤ 정답지의 답을 맞혀 보고 매우 실망했다.

6. 다음 준말에 대한 본말이 잘못 짝지어진 것을 고르시오.
① 엊그저께 보았다. - 어제저녁에 보았다.
② 글로 가면 안 된다. - 그리로 가면 안 된다.
③ 밭사돈을 만났다. - 바깥사돈을 만났다.
④ 얠 먼저 씻기자. - 이 아이를 먼저 씻기자.
⑤ 무에 이렇게 됐다고? - 무엇이 이렇게 됐다고?

7. 다음 중 본말과 준말이 잘못 연결된 것을 고르시오.
① 그렇지 않다 - 그렇잖다
② 적지 않다 - 적잖다
③ 의젓하지 않다 - 의젓잖다
④ 수월하지 않다 - 수월찮다
⑤ 변변하지 않다 - 변변찮다
⑥ 만만하지 않다 - 만만찮다
⑦ 심심하지 않다 - 심심찮다
⑧ 오죽하지 않다 - 오죽잖다
⑨ 생각하건대 - 생각컨대
⑩ 쓰이다 - 씌다

8. 다음 중 한글 맞춤법에 맞는 것을 고르시오.
① 도시락이 손수건에 쌔어 있었다.
② 글씨가 큼직하게 씌이여 있었다.
③ 얼마나 오죽찮게 생각했으면 대꾸도 안 했을라고?
④ 또 가방을 잃어버리다니, 넌 왜 그렇게 칠칠맞니?
⑤ 그는 합격자 발표를 기다리며 안절부절했다.

9. 다음 중 한글 맞춤법에 맞으면 괄호 안에 동그라미표(○)를, 틀리면 가위표(×)를 하시오.

① 살코기 ( )	살고기 ( )
② 수캉아지 ( )	숫강아지 ( )
③ 수캐 ( )	숫개 ( )
④ 수탉 ( )	숫닭 ( )
⑤ 수키와 ( )	숫기와 ( )
⑥ 수탕나귀 ( )	수당나귀 ( )
⑦ 수톨쩌귀 ( )	숫돌쩌귀 ( )
⑧ 수퇘지 ( )	숫돼지 ( )
⑨ 수꿩 ( )	숫꿩 ( )
⑩ 수쥐 ( )	숫쥐 ( )
⑪ 수평아리 ( )	수병아리 ( )
⑫ 암평아리 ( )	암병아리 ( )

10. 다음 중 한글 맞춤법에 맞으면 괄호 안에 동그라미표(○)를, 틀리면 가위표(×)를 하시오.

① 굵적거리다 (　)　　극적거리다 (　)
② 넓적다리 (　)　　　넙적다리 (　)
③ 널찍하다 (　)　　　넓찍하다 (　)
　 널찍한 (　)　　　　넓직한 (　)
④ 짤따랗다 (　)　　　짧다랗다 (　)
　 짤따란 (　)　　　　짧다란 (　)
⑤ 얄따랗다 (　)　　　얇다랗다 (　)
　 얄따란 (　)　　　　얇다란 (　)
⑥ 널따랗다 (　)　　　넓따랗다 (　)
　 널따란 (　)　　　　넓따란 (　)
⑦ 기다랗다 (　)　　　길다랗다 (　)
　 기다란 (　)　　　　길다란 (　)
⑧ 높다랗다 (　)　　　놉다랗다 (　)
⑨ 늙수그레하다 (　)　늑수그레하다 (　)
⑩ 깔짝거리다 (　)　　깔작거리다 (　)

[정답 및 해설]

1. ⑤ → 걷잡아서
2. ① → 받쳐

※ 받치다 : 물건의 밑이나 옆에 다른 물체를 대다.
  부딪치다 : '부딪다'를 강조하는 말.
  부딪히다 : '부딪다'의 피동사. 남의 행동으로 인해 행해지는 동작을 나타낼 때 쓴다.

3. ④ → 조리면
4. ② → 붙여

※ '붙다'와 의미적 연관성이 있으면 '붙이다'를 쓴다.

5. ⑤ → 맞추어

※ 정답을 골라낸다는 의미일 때는 '맞히다'를 쓴다. '맞추다'는 '대상끼리 서로 비교한다'는 의미를 가져서 '답안지를 정답과 서로 비교하여 맞추다'와 같은 경우에 쓴다.

6. ① → 어제그저께
7. ⑨ → 생각건대

※ '그렇잖다', '의젓잖다', '오죽잖다'가 맞는 표기임에 유의한다.

8. ① ('싸이다'의 준말이 '쌔다'임)
   쓰여, 오죽잖게, 칠칠치 못하니?, 안절부절못했다

※ '칠칠하다'는 '성질이나 일 처리가 반듯하고 야무지다'는 뜻으로 주로 부정어인 '못하다', '않다'와 함께 쓰인다. 칠칠하지 못한 사람, 그는 매사에 칠칠치 않았다, 사람이 칠칠치 못해 이 모양이다 등. '칠칠맞다'는 '칠칠하다'의 속된 표현이다.

9. ① 살코기 (○)　　　살고기 (×)
　　② 수캉아지 (○)　　숫강아지 (×)
　　③ 수캐 (○)　　　　숫개 (×)
　　④ 수탉 (○)　　　　숫닭 (×)
　　⑤ 수키와 (○)　　　숫기와 (×)
　　⑥ 수탕나귀 (○)　　수당나귀 (×)
　　⑦ 수톨쩌귀 (○)　　숫돌쩌귀 (×)
　　⑧ 수퇘지 (○)　　　숫돼지 (×)
　　⑨ 수꿩 (○)　　　　숫꿩 (×)
　　⑩ 수쥐 (×)　　　　숫쥐 (○)
　　⑪ 수평아리 (○)　　수병아리 (×)
　　⑫ 암평아리 (○)　　암병아리 (×)

10. ① 굵적거리다 (○)　극적거리다 (×)
　　② 넓적다리 (○)　　넙적다리 (×)
　　③ 널찍하다 (○)　넓찍하다 (×)　널찍한 (○)　넓직한 (×)
　　④ 짤따랗다 (○)　짧다랗다 (×)　짤따란 (○)　짧다란 (×)
　　⑤ 얄따랗다 (○)　얇다랗다 (×)　얄따란 (○)　얇다란 (×)
　　⑥ 널따랗다 (○)　넓따랗다 (×)　널따란 (○)　넓따란 (×)
　　⑦ 기다랗다 (○)　길다랗다 (×)　기다란 (○)　길다란 (×)
　　⑧ 높다랗다 (○)　　놉다랗다 (×)
　　⑨ 늙수그레하다 (○)　늑수그레하다 (×)
　　⑩ 깔짝거리다 (○)　　깔작거리다 (×)

24 한글 맞춤법 실전 문제 4단계

1. 다음 중 한글 맞춤법에 어긋나는 것을 고르시오.
① 포트폴리오를 만듦과 동시에 인터뷰 준비도 해라.
② 얼마나 밥을 많이 먹었던지 배탈이 났다.
③ 사과든 감이든 실컷 먹어라.
④ 학교에 가던지 말던지 네 마음대로 해라.
⑤ 그 사람을 만나든가 말든가 상관하지 마.

2. 다음 중 한글 맞춤법에 어긋나는 것을 고르시오.
① 지난 즈말에 토니까 찬진이가 참 멋있데.
② 언니가 그러는데, 영수가 벌써 제대했대.
③ 가까이서 보니 정말 인품이 훌륭한 사람이데.
④ 밖에 누가 왔데?
⑤ 그 친구는 딸만 둘이데.

3. 다음 중 한글 맞춤법에 어긋나는 것을 고르시오.
① 내가 하는 말을 농담으로 듣지 마라.
② 아무리 바빠도 제사는 잊지 말아라.
③ 아유, 말도 마요.
④ 제발 이러지 말아요.
⑤ 먹지 마라야 할 것이 있다.

4. 다음 중 한글 맞춤법에 어긋나는 것이 포함된 것을 고르시오.
① 병아리가 노랗네. − 병아리가 노라네.
② 이 빵은 동그랗네. − 이 빵은 동그랐네.
③ 아기 손이 조그맣네. − 아기 손이 조그마네.
④ 거울이 뿌옇네. − 거울이 뿌여네.
⑤ 키가 커다랗네. − 키가 커다라네.

5. 다음 중 한글 맞춤법에 어긋나는 것을 고르시오.
① 파란색을 띤 하늘이 무척 아름답다.
② 그는 중대한 임무를 띠고 아프간에 파견되었다.
③ 너무 눈에 띄는 옷을 입지 마라.
④ 추천서를 띠고 회사를 찾아가라.
⑤ 그녀는 미소를 띠우며 내게 말을 건넸다.

6. 다음 중 한글 맞춤법에 맞는 것을 고르시오.
① 두 줄을 띄우고 써라.
② 다음 문장을 맞춤법에 맞게 띄워 쓰시오.
③ 적당한 간격으로 의자를 띄어서 놓았다.
④ 이 두 단어는 띄워야 한다.
⑤ 우리는 일정한 간격으로 벽돌을 띄워서 세웠다.

7. 다음 중 한글 맞춤법에 어긋나는 것을 고르시오.
① 텔레비전을 켠 채 잠이 들었다.
② 나는 잘난 체하는 사람을 보면 소화가 안 된다.
③ 그녀는 나를 곳 본 척하고 지나쳤다.
④ 이 자리를 빌어 감사의 인사를 드립니다.
⑤ 수필이라는 형식을 빌려 이야기를 풀어 갔다.

8. 다음 중 한글 맞춤법에 어긋나는 것을 고르시오.
① 초점(焦點) - 대가(代價)
② 치과(齒科) - 내과(內科)
③ 제상(祭床) - 소수(素數)
④ 허점(虛點) - 가수(個數)
⑤ 수자(數字) - 회수(回數)

9. 다음 중 한글 맞춤법에 맞으면 괄호 안에 동그라미표(○)를, 틀리면 가위표(×)를 하시오.

① 시간을 늘리다 (　)　　시간을 늘이다 (　)
② 짜장면 곱배기 (　)　　짜장면 곱빼기 (　)
③ 이래 봬도 (　)　　이래 뵈도 (　)
④ 트림 (　)　　트름 (　)
⑤ 알다시피 (　)　　아다시피 (　)
⑥ 칼럼리스트 (　)　　칼럼니스트 (　)
⑦ 잔치를 벌였다 (　)　　잔치를 벌렸다 (　)
⑧ 재떨이 (　)　　재털이 (　)
⑨ 된장찌게 (　)　　된장찌개 (　)
⑩ 준공 연도 (　)　　준공 년도 (　)
⑪ 갈래야 갈 수 없는 (　)　　가려야 갈 수 없는 (　)
⑫ 뗄래야 뗄 수 없는 (　)　　떼려야 뗄 수 없는 (　)
⑬ 나쁜 말을 삼가다 (　)　　나쁜 말을 삼가하다 (　)
⑭ 어깨에 가방을 매다 (　)　　넥타이를 매다 (　)
⑮ 밭을 김매다 (　)　　밭을 김메다 (　)

10. 다음 문장을 읽고 한글 맞춤법에 어긋나는 어휘를 찾아 바르게 고치시오.

① 끼여들기하는 아저씨를 째려보았다. →

② 아니에요, 성의는 고맙지만 거절할게요. →

③ 지성피부에 알맞는 화장품입니다. →

④ 놀이터에 들려서 놀다 갈게요. →

⑤ 내가 금방 달려갈께. →

⑥ 그 사락이 웬지 수상해 보이더라. →

⑦ 김치를 직접 담궈 먹어야겠다. →

⑧ 2차 년도가 올해부터 시작되었다. →

⑨ 감당하기 힘든 큰 곤혹을 치뤘다. →

⑩ 네가 돗 도와준다고 하면 난 어떻해. →

⑪ 그는 교수로써의 능력이 뛰어나다. →

⑫ 그는 물건을 벌려놓고 장사를 시작했다. →

⑬ 세 살바기치고는 똑똑하다. →

⑭ 여름에는 오이소바기가 맛있다. →

⑮ 내일 뒷산 언덕빼기에서 만나자. →

[정답 및 해설]

1. ④ → 가든지 말든지
2. ④ → 밖에 누가 왔대?

 ※ '데'와 '대'의 구분 : '데'는 과거에 직접 경험한 내용임을 의미하며, '대'는 남의 말을 전달할 때 쓴다.

3. ⑤ → 말아야

 ※ '말아, 말아라, 말아요'도 현재 표준형인 '마, 마라, 마요'와 함께 표준어로 인정되었다.

4. ② 동그랐네 → 동그라네

 ※ '노랗네, 동그랗네, 조그맣네…'도 현재 표준형인 '노라네, 동그라네, 조그마네…'와 함께 표준형으로 인정되었다. '그렇다, 노랗다, 동그랗다, 뿌옇다, 어떻다, 조그맣다, 커다랗다' 등등 모든 ㅎ불규칙용언의 활용형에 적용된다.

5. ⑤ → 띠며

 ※ '증명서를 띠다'처럼 '물건을 몸에 지니다'라는 의미로도 '띠다'가 쓰인다.

6. ③ 띄고 써라, 띄어 쓰시오, 띄어야 한다, 띄어서 세웠다
7. ④ → 빌려
8. ⑤ → 숫자, 횟수

 ※ 한자어와 한자어 사이에는 사이시옷을 적지 않는다. 다만 '곳간, 셋방, 숫자, 찻간, 툇간, 횟수'는 예외적으로 사이시옷을 반드시 붙인다.

9. ① 시간을 늘리다 (○)   시간을 늘이다 (×)
   ② 짜장면 곱배기 (×)   짜장면 곱빼기 (○)
   ③ 이래 봬드 (○)   이라 뵈도 (×)
   ④ 크림 (○)   트름 (×)
   ⑤ 알다시피 (○)   아다시피 (×)
   ⑥ 칼럼리스트 (×)   칼럼니스트 (○)
   ⑦ 잔치를 벌였다 (○)   잔치를 벌렸다 (×)
   ⑧ 재떨이 (○)   재털이 (×)
   ⑨ 된장찌게 (×)   된장찌개 (○)
   ⑩ 준공 연도 (○)   준공 년도 (×)
   ⑪ 갈래야 갈 수 없는 (×)   가려야 갈 수 없는 (○)
   ⑫ 뗄래야 뗄 수 없는 (×)   떼려야 뗄 수 없는 (○)
   ⑬ 나쁜 말을 삼가다 (○)   나쁜 말을 삼가하다 (×)
   ⑭ 어깨에 가방을 매다 (×)   넥타이를 매다 (○)
   ※ 가방을 메다, 너무 기뻐 목이 메었다, 신발 끈을 매다
   ⑮ 밭을 김매다 (○)   밭을 김메다 (×)

10. ① 끼어들기   ② 아니에요   ③ 알맞은
    ④ 들러서   ⑤ 달려갈게   ⑥ 왠지
    ⑦ 담가   ⑧ 연도   ⑨ 곤욕을 치렀다
    ※ 주로 '곤욕을 치르다', '곤혹스럽다'라는 표현으로 쓰인다.
    ⑩ 어떡해   ⑪ 교수로서의   ⑫ 벌여놓고
    ⑬ 세 살배기   ⑭ 오이소박이   ⑮ 언덕배기

25
띄어쓰기 실전 문제 1단계

1. 다음 중 띄어쓰기가 맞는 것을 고르시오.
① 그 사람은 가진 게 돈 밖에 없다.
② 문 밖에서 수상한 사람이 서 있다.
③ 창문밖을 보니 비가 내리네.
④ 창 밖은 완전히 어두워졌다.
⑤ 나는 이번에 난생처음 비행기를 탔다.

2. 다음 중 띄어쓰기가 틀린 것을 고르시오.
① 열심히 일했지만 월급은커녕 꾸지람만 들었다.
② 우리는 사랑하는 만큼 서로를 배려하고 존중해야 한다.
③ 시골길을 따라 얼마만큼 걸어가니 외딴 초가집이 나왔다.
④ 음식은 먹을 만큼만 덜어 먹어라.
⑤ 나는 두살 배기 동생이 있다.

3. 다음 중 띄어쓰기가 맞는 것을 고르시오.
① 앵무새는 들은대로 따라한다.
② 그녀와 사귄지 벌써 2년째이다.
③ 내일 비가 올 지 안올 지 모르겠다.
④ 비가 오든 안 오든 간에 산책을 할 것이다.
⑤ 모녀 간에 짝짜꿍이 되어 큰일을 저지르고 말았다.

4. 다음 중 띄어쓰기가 틀린 것을 고르시오.
① 첫 월급을 2백만 원가량 받아서 기분이 좋다.
② 콩나물을 삼촌 원어치만 주세요.
③ 내친 김에 한라산 정상까지 올라가자.
④ 오래전에 헤어졌던 친구를 우연히 만났다.
⑤ 내가 네 삼촌뻘이다.

5. 다음 중 띄어쓰기가 틀린 것을 고르시오.
① 내가 잘못했다고 먼저 사과할걸.
② 자신보다 나라가 먼저인 사람이 애국자일지니라.
③ 그것은 무모한 행동일 지언정 용감한 행동은 아니다.
④ 높이 올라갈수록 기온은 떨어진다.
⑤ 우리가 이웃일진대 서로 도와야 마땅하다.

6. 다음 중 띄어쓰기가 모두 맞는 것을 고르시오.
① 가만있다 - 간데없이 - 거침없다
② 관계 없다 - 난데없이 - 다름 없다
③ 말없이 - 아랑곳 없다 - 상관 없다
④ 소용없다 - 속절 없다 - 그지 없다
⑤ 터무니 없다 - 힘없다 - 가없다

7. 다음 중 띄어쓰기가 틀린 것을 고르시오.
① 북어 한 쾌 - 김 네 톳
② 벼 석 섬 - 열세 살
③ 옷 한 벌 - 바느질 실 두 님
④ 조기 한손 - 버선 한죽
⑤ 장작 한 바리 - 금 서 돈

8. 다음 중 띄어쓰기가 틀린 것을 고르시오.
① 두시 삼십분 오초
② 삼학년 이반
③ 3년 6개월 20일간
④ 오억 오천 삼백 오십삼만 칠천 구백구십 원
⑤ 3억 8,383만 8,800원

9. 다음 중 띄어쓰기가 맞는 것을 고르시오.
① 목포, 여수, 대전등지로 여행을 다녔다.
② 우리 팀이 3 대 5로 이겼다.
③ 그는 국장겸 과장직을 수행중이다.
④ 나는 사과, 배, 귤등등을 좋아한다.
⑤ 이번 출장은 열흘내지 보름 정도 걸릴 거야.

10. 다음 중 띄어쓰기가 틀린 것을 고르시오.
① 그 남자가 집까지 찾아올 줄은 몰랐다.
② 죽을힘을 다해 버티어야 한다.
③ 아이가 사탕을 한 움큼 집었다.
④ 오랫동안 널 기다려 왔다.
⑤ 천릿 길도 한걸음 부터

[정답 및 해설]

1. ⑤ 돈밖에, 문밖에서, 창문 밖을, 창밖은
   ※ 문밖 : '문의 바깥쪽'이라는 뜻의 명사
   ※ 창밖 : '창문의 밖'이라는 뜻의 명사
2. ⑤ → 두 살배기
3. ④ 들은 대로, 사귄 지, 올지 안 올지, 모녀간
4. ③ → 내친김에
5. ③ → 행동일지언정
6. ① 관계없다, 난데없이, 다름없다,
      말없이, 아랑곳없다, 상관없다,
      소용없다, 속절없다, 그지없다,
      터무니없다, 힘없다, 가없다
7. ④ → 조기 한 손, 버선 한 죽
8. ④ → 오억 오천삼백오십삼만 칠천구백구십 원
   ※ 수를 적을 때에는 만 단위로 띄어 쓴다. 단, '일금 : 이천오백삼만 삼천구백원정'처럼 위변조를 막기 위한 경우에는 붙여쓰기를 허용한다.
9. ② 대전 등지로, 국장 겸 과장직을,
      귤 등등을, 열흘 내지
10. ⑤ → 천 리 길도 한 걸음부터

26
띄어쓰기 실전 문제 2단계

1. 다음 중 띄어쓰기가 틀린 것을 고르시오.
① 윤봉길 선생 (이름+호칭)
② 현 빈 (성+이름)
③ 이 충무공 (성+호)
④ 백범 김구 선생 (호+이름+호칭)
⑤ 김 원장 (성+관직)

2. 다음 중 띄어쓰기가 맞는 것을 고르시오.
① 선생님 댁에 스십차 방문했다.
② 지난주에 출장 차 일본에 갔었다.
③ 나는 입사 3년 차에 접어들었다.
④ 잠을 막 자려던차에 전화가 왔다.
⑤ 그 남자는 세더차가 나서 싫다.

3. 다음 중 띄어쓰기가 틀린 것을 고르시오.
① 허공중으로 몸이 붕 떠올랐다.
② 오늘 중으로 이 일을 끝내세요.
③ 자기 책임의 원칙 하에 투자해야 한다.
④ 교각하 추락 주의하세요.
⑤ 빛깔이 하 맘에 들어서 한 벌 샀다.

4. 다음 중 띄어쓰기 예외가 허용되지 않는 것을 고르시오.
① 그 곳 그 때 → 그곳 그때
② 좀 더 큰 이 새집 → 좀더 큰 이 새집
③ 훨씬 더 큰 새집 → 훨씬 더큰 새집
④ 내 것 네 것 → 내것 네것
⑤ 아홉 시 이십삼 분 → 아홉시 이십삼분

5. 다음 중 붙여쓰기가 허용되지 않는 것을 고르시오.
① 윗몸 일으키기 → 윗몸일으키기
② 좋아하는 노래 부르기 → 좋아하는노래 부르기
③ 서울 대학교 사범 대학 → 서울대학교 사범대학
④ 대통령 직속 국가 안전 보장 회의
　　→ 대통령 직속 국가안전보장회의
⑤ 만성 골수성 백혈병 → 만성골수성백혈병

6. 다음 중 띄어쓰기가 틀린 것을 고르시오.
① 네가 먼저 덤벼들어보아라.
② 적군은 반드시 우리의 힘으로 막아낸다.
③ 가장 아끼는 접시를 깨뜨려버렸다.
④ 곧 ㅂ가 올성싶다.
⑤ 그 일은 할만하다.

7. 다음 중 문장 부호가 잘못 들어간 것을 고르시오.
① 3.1 운동
② 서. 1993. 9. 19.(서기 1993년 9월 19일)
③ 오늘부터 방학이다. 그래서, 기분이 좋다.
④ 이리 오세요, 어머님.
⑤ 넌 정말 아름다워!

8. 다음 중 문장 부호가 잘못 들어간 것을 고르시오.
① 8월 1일 ~ 8월 5일
② 나이(年歲) / 손발(手足)
③ 새마을 : ~ 운동 ~ 노래
④ 염화갈륨 / 빛에너지 / 다장조
⑤ 나는 네 살에 ― 보통 아이 같으면 한글도 모를 나이에 ― 벌써 시를 지었다.

9. 다음 중 문장 부호가 잘못 들어간 것을 고르시오.
① "배부른 돼지"보다는 "배고픈 소크라테스"가 되고 싶다.
② "사람은 사회적 동물이다."라고 말한 학자가 있다.
③ 그 순간, '다시 옛날로 돌아가고 싶어.'라는 생각이 스쳤다.
④ 커피(coffee)는 기호 식품이다.
⑤ 잡곡에는 수수, 조, 기장, 콩 등이 있다.

10. 다음 중 문장 부호의 설명이 잘못된 것을 고르시오.
① 큰따옴표(" ") : 글 가운데서 직접 대화를 표시하거나 남의 말을 인용할 때 쓴다.
② 작은따옴표(' ') : 따온 말 가운데 따온 말이 들어 있거나, 마음속으로 한 말을 적을 때 쓴다.
③ 물결표(~) : '내지'라는 뜻에 쓴다.
어떤 말의 앞이나 뒤에 들어갈 말 대신에 쓴다.
④ 소괄호(( )) : 원어, 연대, 주석, 설명 등을 넣을 때 쓴다.
⑤ 중괄호({ }) : 여러 단위를 동등하게 묶어서 보일 때 쓴다.
⑥ 대괄호([ ]) : 묶음표 안의 말이 바깥 말과 음이 다를 때 쓴다.
⑦ 숨김표(××, ○○) : 금기어나 비속어를 글자의 수효만큼 쓴다.
⑧ 줄표(─) : 외래어나 고유어 또는 한자어가 결합되는 경우에 쓴다.
⑨ 줄임표(……) : 할 말을 줄이거나 말이 없을 때 쓴다.

[정답 및 해설]

1. ③ → 이충무공
  ※ 성과 이름, 성과 호 등은 붙여 쓰고 이에 덧붙는 호칭어, 관직명 등은 띄어 쓴다. 성과 이름 또는 성과 호를 분명하게 구분할 필요가 있을 경우 띄어 쓸 수 있다.

2. ③ 수십 차, 출장차, 자려던 차에, 세대 차
  ※ 수십 차 : (주로 한자어 수 뒤에 쓰여) '번', '차례'의 뜻을 나타내는 의존명사로 쓰일 때는 띄어 쓴다.
  ※ 출장차 : '목적의 뜻'을 더하는 접미사로 쓰일 때는 붙여 쓴다.
     연구차, 인사차, 사업차

3. ③ → 원칙하
  ※ 원칙하 : '그것과 관련된 조건이나 환경'의 뜻을 더하는 접미사.
     식민지하, 지도하, 지배하
  ※ 교각하 : 아래쪽이나 밑을 의미하는 접미사로 쓰일 때는 붙인다.
  ※ ⑤번의 '하'는 '아주', '몹시'의 뜻을 나타내는 부사이다.

4. ③ → '더'와 '큰'을 붙여 쓸 수 없다.
  ※ 단음절로 된 단어가 연이어 나타날 적에는 붙여 쓸 수 있다. 단, '훨씬 더큰 새집. 더큰 이 새 책상'처럼 관형어와 관형어, 부사와 관형어일 경우에는 붙여 쓸 수 없다.

5. ②

6. ① → 덤벼들어 보아라
※ '덤벼들다'처럼 앞말이 '덤비다'와 '들다'가 합해진 합성동사인 경우 뒤에 오는 보조 용언은 반드시 띄어 쓴다.

7. ③ → 그래서
※ 접속어 뒤에는 쉼표를 붙이지 않는다.

8. ② → 나이[年歲] / 손발[手足]
※ 묶음표 안의 말이 바깥 말과 음이 다를 때 [ ]를 쓴다.

9. ① → '배부른 돼지'보다는 '배고픈 소크라테스'가 되고 싶다.

10. ⑧
※ 줄표(—)는 제목 다음에 표시하는 부제의 앞뒤에 쓴다.
문장 중간에 앞의 내용에 대해 부연하는 말이 끼어들 때, 앞의 말을 정정하거나 변명하는 말이 이어질 때 쓴다.

27
띄어쓰기 실전 문제 3단계

1. 다음 중 띄어쓰기가 틀린 것을 고르시오.
① 로미오에겐 오직 줄리엣뿐이다.
② 라일락은 꽃이 예쁠 뿐더러 향기도 좋다.
③ 그녀는 일도 잘할뿐더러 성격도 좋다.
④ 텃밭에 감자뿐만 아니라 땅콩도 심었다.
⑤ 소문으로만 들었을 뿐이네.

2. 다음 중 띄어쓰기가 틀린 것을 고르시오.
① 이제 쉴 만큼 쉬었잖아. 너도 나만큼만 부지런해져 봐라.
② 그녀가 좋아하기는 커녕 저 멀리 도망쳐버렸다.
③ 억울한 건 너보다 내 쪽이 더할걸.
④ 도대체 이게 얼마 만인가?
⑤ 혜민이가 두 번 만에 시험에 합격했다고?

3. 다음 중 띄어쓰기가 맞는 것을 고르시오.
① 오늘이 몇 일이지?
② 몇 날 며칠 간이나 제대로 씻지도 못하고 야근을 했다.
③ 몇날 몇일이나 걸려서 도착한거니?
④ 며칠 째 장맛비가 내리고 있다.
⑤ 김 과장은 몇 십 명 몫의 일을 해내고 있다.

4. 다음 중 띄어쓰기가 맞는 것을 고르시오.
① 취미 한 두 가지는 있어야 인생이 즐겁다.
② 자전거 타기가 한번만에 되는 게 아니다.
③ 언제 우리 한 번 만나자.
④ 관객들은 하나 둘 객석을 떠나갔다.
⑤ 이 실력을 갖추기까지 하루 이틀 걸린 게 아니다.

5. 다음 중 띄어쓰기가 틀린 것을 고르시오.
① 우리가 이름 없는 동굴을 발견했다.
② 며칠째 단식 중이면 건강에 해롭다.
③ 그럴듯한 말로 꾀여 내지 마라.
④ 그는 회사를 그만두고 여행을 떠났다.
⑤ 회사에서 무시 당하지 않으려면 실력을 쌓아야 한다.

6. 다음 중 띄어쓰기가 틀린 것을 고르시오.
① 몇 번이나 말해도 이해하지 못하겠니?
② 건강이 젊은 시절만 못 하다.
③ 문단속 잘 하고 가스 단속도 잘 해야 한다.
④ 찬진이는 회장이 되더니, 말도 잘한다.
⑤ 부모님들은 늘 자식 잘되기를 바란다.

7. 다음 중 띄어쓰기가 틀린 것을 고르시오.
① 내가 주말에 도와줄게.
② 바다 저편을 건너다 본다.
③ 잔디밭에 들어가는 사람이 있다.
④ 여기저기 둘러보지 말고 곧장 가라.
⑤ 이 단어의 뜻이 궁금하면 사전을 찾아보아라.

8. 다음 중 띄어쓰기가 틀린 것을 고르시오.
① 이번에는 취직이 잘 될 성싶다.
② 지금쯤은 그가 올 법하다.
③ 내 이야기를 한번 들어만보아라.
④ 매미가 하루 종일 울어쌓는다.
⑤ 친구랑 수다 떨다가 버스를 놓칠 뻔하였다.

9. 다음 중 띄어쓰기가 틀린 것을 고르시오.
① 그날 밤, 우리는 밤새도록 오래된 이야깃주머니를 풀어놓았다.
② 문제없다고 큰소리를 쳤지만, 어떻게 해야 할지 모르겠다.
③ 새집에 이사 간 김 노인은, 치매 걸린 아내에게 새 옷을 갈아입혀 주었다.
④ 나는 긴 생머리를 싹둑 잘랐다. 왜냐하면 귀엽게 보이고 싶었기 때문이다.
⑤ 올 해는 없으면 없는대로 아껴서 생활하고, 내년 부터는 외식도 하며 인간 답게 살자구나.

10. 다음 중 띄어쓰기가 맞는 것을 고르시오.
① 그는 변덕이 죽 끓 듯 해서 믿을수가 없다.
② 물이 깊을 수록 조용하 듯 사람도 아는게 많을수록 조용하다.
③ 대한 민국에서 최고인듯 뽐내고 싶다.
④ 잠을 잔 듯 만 듯 정신이 하나도 없다.
⑤ 그는 뛸듯이 좋아하느라, 약속 시간에 늦은 듯 하다.

[정답 및 해설]

1. ② → 예쁠뿐더러

※ ㄹ뿐더러 : (주로 받침 없는 용언의 어간, 'ㄹ' 받침인 용언의 어간 또는 어미 '-으시-' 뒤에 붙어) '어떤 일이 그것만으로 그치지 않고 나아가 다른 일이 더 있음'을 나타낼 때는 붙여 쓴다.

※ 뿐 : (체언이나 부사어 뒤에 붙어) '그것만이고 더는 없음' 또는 '오직 그렇게 하거나 그러하다는 것'을 나타낼 때는 붙여 쓴다.
(어미 '-을' 뒤에 쓰여) '다만 어떠하거나 어찌할 따름'이라는 뜻을 나타낼 때는 띄어 쓴다.

2. ② → 좋아하기는커녕

※ 'ㄴ커녕'은 받침 없는 체언이나 부사어 뒤에 붙는 조사이다.

3. ⑤ 며칠이지? 몇 날 며칠간이나, 몇 날 며칠이나, 도착한 거니? 며칠째

※ '몇 일'로 적는 경우는 없다. 항상 '며칠'로 적는다.

4. ⑤ 한두 가지는, 한 번 만에 되는, 한번(기회 있는 어떤 때에) 단나자, 하나둘

※ '번'이 차례나 일의 횟수를 나타내는 경우에는 '한 번', '두 번', '세 번'과 같이 띄어 쓴다. '한번'을 '두 번', '세 번'으로 바꾸어 뜻이 통하면 '한 번'으로 띄어 쓰고 그렇지 않으면 '한번'으로 붙여 쓴다.

5. ⑤ → 무시당하지

6. ② → 듯하다

※ ③번의 문단속은 한 단어이므로 붙여 쓰고, '잘 하고'의 '잘'은 부사로 쓰였으므로 띄어 쓴다.
※ ④번의 '잘하다'는 '좋고 훌륭하게 하다'는 동사이므로 붙여 쓴다.

7. ② → 건너다본다

※ 건너다보다, 굽어보다, 도와주다, 돌아보다, 둘러보다, 들어가다, 몰라보다, 알아보다, 우러러보다, 지나치다, 찾아다니다, 찾아보다, 쳐다보다 등은 한 단어이므로 띄어 쓰지 않는다.

8. ③ → 들어만 보아라

9. ⑤ → 올해는, 없는 대로, 내년부터는, 인간답게

※ ③번의 '새집'은 하나의 명사이므로 붙여 쓴다.

10. ④ 끓듯 해서, 믿을 수가,
    깊을수록, 조용하듯, 아는 게,
    대한민국에서, 최고인 듯,
    뛸 듯이, 늦은 듯하다

※ '듯'이 어미 '-은', '-는', '-을' 뒤에서 의존명사로 쓰일 때는 띄어 쓴다.
'지금도 하얀 눈을 보면 그때의 열정이 되살아나는 듯 느껴진다.'
※ '듯'이 '비 오듯, 물 쓰듯, 말했듯, 아니듯'처럼 어미로 쓰일 때는 붙여 쓴다.
※ '듯하다'는 보조형용사이므로 앞말과 띄어 쓴다.
'기차가 연착할 듯하다.', '시험문제가 조금 어려운 듯하다.'
'비가 온 듯하다.'

28 문장 교정교열 실전 문제 1단계

1. 다음 문장을 한글 맞춤법과 띄어쓰기에 맞게 고치시오.

① 말로서 천냥 빚을 갚는다고 한다.
→

☞ 말로써 천 냥 빚을 갚는다고 한다.
※ 로써 : 어떤 일의 수단이나 도구를 나타내는 격조사

② 몇일자 편지인지 날짜없는 편지가 왔다.
→

☞ 며칠자 편지인지 날짜 없는 편지가 왔다.
※ '며칠'은 한글 고유어로 한 단어이다.

③ 하루종일 밥은 커녕 물 한모금도 못마셨다.
→

☞ 하루 종일 밥은커녕 물 한 모금도 못 마셨다.
※ 'ㄴ커녕'은 조사이므로 붙여 쓴다.

④ 나 에게는 네살 배기 남동생이 있는 데, 우리동네에서 알아 주는 개구장이이다.
→

☞ 나에게는 네 살배기 남동생이 있는데, 우리 동네에서 알아주는 개구쟁이이다.
※ '살'은 나이를 세는 단위인 의존명사이므로 띄어 쓰고 '배기'는 조사이므로 붙여 쓴다.

⑤ 우리는 사랑하는만큼 서로 배려하고 존중해야한다.
→

☞ 우리는 사랑하는 만큼 서로를 배려하고 존중해야 한다.
※ 이 문장에서 '만큼'은 어미 '-은', '-는', '-을' 뒤에서 의존명사로 쓰이므로 띄어 쓴다.

⑥ 시골 길을 따라 얼마 만큼 걸어 가니 외딴 초갓집이 나왔다.
→

☞ 시골길을 따라 얼마만큼 걸어가니 외딴 초가집이 나왔다.
※ 이 문장에서 '만큼'은 체언의 바로 뒤에 붙어 앞말과 비슷한 정도나 한도임을 나타내는 격조사로 쓰이므로 붙여 쓴다.

⑦ 첫월급을 3백만원 가량 받아서 기분좋았다.
→

☞ 첫 월급을 3백만 원가량 받아서 기분 좋았다.
※ '원'은 단위이므로 띄어 쓰고, '가량'은 조사이므로 붙여 쓴다.

⑧ 강 가에서 으슬렁거리던 그 동물은 알고보니 하마가 아니오, 악어이였다.
→

☞ 강가에서 어슬렁거리던 그 동물은 알고 보니 하마가 아니고, 악어였다.

⑨ 곰곰히 생각해 보니, 도저이 그 일은 제 시간에 끝마쳐질 것 같지않았다.

→

☞ 곰곰이 생각해 보니, 도저히 그 일을 제시간에 끝마칠 수 있을 것 같지 않았다.

⑩ 그렇찮아도 거저 네가 너무 보고싶을뿐이야라며 그녀에게 전홯 하려던참이었다.

→

☞ 그렇잖아도 '그저 네가 정말 보고 싶을 뿐이야!'라며 그녀에게 전화를 하려던 참이었다.

2. 다음 문장을 한글 맞춤법과 띄어쓰기에 맞게 고치시오.

① 그 분이 이 곳에서 때 마침 나뭇배에 간신이 올라 탔기에 살수 있었다.

→

☞ 그분이 이곳에서 때마침 나무배에 간신히 올라탔기에 살 수 있었다.

② 김찬진회장은 김여사가 안올까봐 안절부절하며 가슴을 조렸다.

→

☞ 김찬진 회장은 김 여사가 안 올까봐 안절부절못하며 가슴을 졸였다.

③ 너는 시험에 절대로 합격해야 되. 이 번에 확실이 부트면 10년만에 합격 하는거자나!

→

☞ 너는 시험에 반드시 합격해야 돼. 이번에 확실히 붙으면 10년 만에 합격하는 거잖아.

④ 어린학생들을 앞쳐놓고 가리키는 것은 생각 만큼 쉬운 일이 아니였다.

→

☞ 어린 학생들을 앞혀 놓고 가르치는 것은 생각만큼 쉬운 일이 아니었다.

⑤ 해질녘이면 으례 닐니리 닐니리 풀 피리 소리가 언덕 넘어에서 들려 온다.
→

☞ 해 질 녘이면 으레 닐리리 닐리리 풀피리 소리가 언덕 너머에서 들려온다.

⑥ 나는 산부인과의사에게 '딸이예요 아들이예요' 라고 조심 스레 물어 보았다.
→

☞ 나는 산부인과 의사에게 "딸이에요, 아들이에요?"라고 조심스레 물어보았다.

⑦ 어제밤 밤 새 코를 곯며 잠 자던 사랑 방 손님이 언제쯤 갈런지 잘 몰랐다.
→

☞ 어젯밤 밤새 코를 골며 잠자던 사랑방 손님이 언제쯤 갈는지 잘 모르겠다.

⑧ 야호_ 점심 시간이다. 밥먹으로 어디로 갈건대? 밥먹고 까페에 들려 커피도 한잔 마시고 오자쿠나.

→

☞ 야호, 점심시간이다. 밥 먹으러 어디로 갈 건데? 밥 먹고 카페에 들러 커피도 한 잔 마시고 오자구나.

⑨ '비빔밥 설겆이 며느리시키고 누룽밥 설겆이 딸시킨다.'라는 속담을 떠 올리니, 비빔밥기 먹고 싶어 졌다.

→

☞ '비빔밥 설거지 며느리 시키고 눌은밥 설거지 딸 시킨다.'라는 속담을 떠올리니, 비빔밥이 먹고 싶어졌다.

⑩ 우리 나라의 출산률이 전세계 200개 국 중에서도 220위로 최 하위 수준이라는 조사 결과가 발표했다.

→

☞ 우리나라의 출산율이 전 세계 224개국 중에서도 220위로 최하위 수준이라는 조사 결과가 발표되었다.

제3부 교정교열 실전 문제 149

3. 다음 문장을 읽고 외국어로 표현된 곳을 찾아 우리말로 순화하여 표현하고 한글 맞춤법과 띄어쓰기에 맞게 문장을 바로잡으시오.

① 누군가 내차에 몰래 기스를 내놓고 도망가버렸다.
→

☞ 누군가 내 차에 몰래 흠집을 내놓고 도망가 버렸다.

② 김과장 신혼 집에 무데뽀로 쳐들어 가면 새 색시에게 쫓겨날 지도 몰라.
→

☞ 김 과장 신혼집에 막무가내로 쳐들어가면 새색시에게 쫓겨날지도 몰라.

③ 엔틱한 탁자 위에 놓인 사라에는 난생 처음보는 푸드가 담겨 있었다.

→

☞ 고전적인 식탁 위에 놓인 접시에 담긴 음식은 난생처음 보는 것이었다.

④ 제4차 산업혁명 시대에 우리사회의 여러문제에 대한 솔루션을 찾기 위한 노력이 절실히 요구된다.

→

☞ 제4차 산업혁명 시대를 맞아 우리 사회가 안고 있는 여러 문제에 대하여 적절한 해결책을 찾아야 한다.

⑤ 헤어 메이크업은 트렌드가 빨리 바뀌므로 틴에이저들에게 어필하려면 빠르게 이노베이션해야 한다.

→

☞ 머리 손질은 유행의 흐름이 자주 바뀌므로 10대들의 취향을 맞추려면 빠르게 혁신해야 한다.

4. 다음 문장을 올바르게 띄어 쓰시오.

① 우리는건널수없는강을건너버렸다.
→

☞ 우리는∨건널∨수∨없는∨강을∨건너버렸다.

② 세상에전지가발명된지는이제겨우1세기가흘렀을뿐이다.
→

☞ 세상에∨전지가∨발명된∨지는∨이제∨겨우∨1세기가∨흘렀을∨뿐이다.

③ 2016년시월에완공된이다리는삼십오억사천오백삼십이만칠천원가량의예산이들었다.
→

☞ 2016년∨시월에∨완공된∨이∨다리는∨삼십오억∨사천오백삼십이만∨칠천∨원가량의∨예산이∨들었다.

④ 'ㄹ망정'은 앞 절의 사실을 인정하고 뒤 절에 그와 대립되는 다른 사실을 이어 말할 때에 쓰는 연결 어미이므로 붙여 쓴다. 시험에 떨어질망정 남의 것을 베끼지는 않겠다./굶어죽을망정 도둑질은 안 하겠다.
→

☞ 'ㄹ망정'은∨앞∨절의∨사실을∨인정하고∨뒤∨절에∨그와∨대립되는∨다른∨사실을∨이어∨말할∨때에∨쓰는∨연결∨어미이므로∨붙여∨쓴다.∨시험에∨떨어질망정∨남의∨것을∨베끼지는∨않겠다.∨/∨굶어∨죽을망정∨도둑질은∨안∨하겠다.

⑤ 네가 어젯밤 일로 인해 감기가 든데 유감을 표한다. 하지만 너는 너대로 그때 그곳에서 본대로 들은대로 정직하게 말해야 한다.
→

☞ 네가∨어젯밤∨일로∨인해∨감기가∨든∨데∨유감을∨표한다.∨하지만∨너는∨너대로∨그때∨그곳에서∨본∨대로∨들은∨대로∨정직하게∨말해야∨한다.

5. 문장 성분이 서로 잘 호응하는지 주의하여 문장을 올바르게 고치시오.

① 유명한 작가에 의해 씌였다는 이 소설을 읽고서 느끼는 것은, 거기에 등장하는 인물들 거의가 지나치게 낙관적이다.

→

☞ 유명한 작가가 썼다는 이 소설을 읽고 느낀 것은, 이 소설에 등장하는 인물들 대부분이 지나치게 낙관적이라는 점이다.

② 꼴라주는, 질감이 다양한 평면재를 붙여서 실재의 재질감을 회화적으로 느끼게 하기 위해 초기에는 나무, 돌, 흙 등을 붙여 놓았다

→

☞ 콜라주는, 질감이 다양한 평면재를 붙여서 실재의 재질감을 회화적으로 느낄 수 있도록 하는 미술 기법이다. 초기에는 주로 나무, 돌, 흙 등을 붙여서 표현하였다.

③ 그 동안 내가 너를 한결 같이 좋아하는 이유는 성격이 유순하고 배려심이 많다.
→

☞ 그동안 내가 너를 한결같이 좋아하는 이유는 너의 성격이 유순하고 배려심이 많기 때문이다.

④ '성형외과학의 아버지'라 불려지는 해럴드 길리스는 전쟁 속에서의 의술을 꽃피운 성형외과의 의사였다.
→

☞ '성형외과학의 아버지'라 불리는 해럴드 길리스는 전쟁 속에서 의술을 꽃피운 성형외과 의사였다.

⑤ 담배가 건강에 얼마나 해로운가에 대한 연구 결과가 관련 당국에 의해 유용하게 활용되어지기를 바란다.
→

☞ 관련 당국이 '담배가 건강에 얼마나 해로운가'에 대한 연구 결과를 유용하게 활용하기를 바란다.

29
문장 교정교열 실전 문제 2단계

다음 글을 읽고 한글 맞춤법과 띄어쓰기가 잘못된 곳을 찾아 올바르게 고치시오.

문제 1

쌀,보리. 콩, 조, 기장들을 오곡이라 한다 집곡밥을 먹으야 몸이 건강해 진다

교정 1

쌀, 보리, 콩, 조, 기장 들을 오곡이라 한다. 잡곡밥을 먹어야 몸이 건강해진다.

※ 들 : '학생들', '사람들'처럼 복수를 의미하는 접미사로 쓰이면 붙여 쓴다. 두 개 이상의 사물을 열거하여 '그런 따위'라는 뜻의 의존 명사로 쓰이면 띄어 쓴다.

문제 2

　부모님 얼굴 본ㅈ 벌써 두달이 지나갔다. 집에 가고싶어도 갈 수없는 내 처지가 서럽다. 집 밥이 먹고싶다. 용돈이 떨어지며 엄마한테 전화를 한다.
　그래도 엄마는 항상 반갑게 내 전화를 받으신다. 언제 취직이 될 지 기약도 없다 얼렁 쥐직해서 타면 첫월급 부모님에게 빨간 내의를 사드리고 싶다. 부모님을 생각해서라도 더욱 열심히 살아야겠다.

교정 2

　부모님 얼굴 본 지 벌써 두 달이 지났다. 집에 가고 싶어도 갈 수 없는 내 처지가 서럽다. 집밥이 먹고 싶다. 용돈이 떨어지면 엄마한테 전화를 한다. 그래도 엄다는 항상 반갑게 내 전화를 받으신다. 취직이 언제 될지 기약도 없다. 얼른 취직해서 첫 월급 타면 부모님께 빨간 내의를 사드리고 싶다. 부모님을 생각해서라도 더욱 열심히 살아야겠다.

　※ 지 : '키가 큰지, 작은지 잘 모르겠다.'처럼 쓰이는 경우는 '지'가 어미의 일부이므로 붙여 쓰고 '그녀랑 헤어진 지 한 달이 지났다.'처럼 '지'가 경과한 시간을 의미할 경우에는 띄어 쓴다.

문제 3

　이세상에서 내게 남은 사람은 너 뿐이다. 너 마저나를 배신하면 나는 누구 믿고 살아갈수 있으랴? 사람이 사람을 믿고 서로 배려하며라며 살아 간다면 좋으 련만, 그렇치못한 이 세상이 침으로 웃길뿐이다.
　자산의 이익만을위해 나쁜짓을 하는 사랑은 반드시 기필코 꼭 하늘이 심판을 받게 될것이다.

교정 3

　이 세상에서 내게 남은 사람은 너뿐이다. 너마저 나를 배신하면 나는 누구를 믿고 살아갈 수 있으랴! 사람이 사람을 믿고 서로 배려하며 살아간다면 좋으련만, 그렇지 못한 이 세상이 참으로 웃길 뿐이다.
　자신의 이익만을 위해 나쁜 짓을 하는 사람은 반드시 하늘의 심판을 받게 될 것이다.

　※ 뿐 : '너뿐이다, 우리 둘뿐이다.'처럼 체언 뒤에 붙어 '한정'의 뜻을 나타내는 경우는 접미사로 여겨 붙여 쓴다. '웃길 뿐이다, 고마울 뿐이다.'처럼 용언 뒤에 붙어 '~따름'이란 의미를 나타낼 경우는 의존명사이므로 띄어 쓴다.

문제 4

　난 요가 만큼이나 수영도좋아한다.수영 대회에 나가서 우승을 할만큼 나의 수영 실력은 수준 급이다. 그런데, 요기는 매일 운동한만큼 다직 횻과를 보지못해 속상하다. 그래도 꿋꿋히 요가를 매일 할것이다. 수영도 요가도 열심이 해서 항상 건강하고 행복해야 겠다.

교정 4

　난 요가만큼이나 수영도 좋아한다. 수영 대회에 나가서 우승을 할 만큼 나의 수영 실력은 수준급이다. 그런데 요가는 매일 운동한 만큼 아직 효과를 보지 못해 속상하다. 그래도 꿋꿋이 요가를 매일 할 것이다. 수영도 요가도 열심히 해서 항상 건강하고 행복하게 지내야겠다.

※ 만큼 : '키가 전봇대만큼 크다.'처럼 체언 뒤에 붙으면 조사로 다루어 붙여 쓴다. '할 만큼, 운동한 만큼'처럼 용언 뒤에 오면 '그런 정도로'란 의미의 의존명사가 되므로 띄어 쓴다.
※ 일반적으로 쓰이는 접속어인 '그런데, 그러나, 하지만, 그러므로, 그리고' 등의 뒤에는 쉼표를 찍지 않는다.

문제 5

　우리가 약속한대로 내년 3월에 결혼하자. 너는 너 대로 나는 나대로 열씸히 돈을 모아 우리힘으로 월셋집이라도 얻어 살면 되잖아. 돈없다고 이 대로 우리가 질질 끌다가는 헤어지게 될 지도 몰라. 마음이 가는 대로 살고 싶어,미래는　우리에게 어떤 빛깔의 삶일지 궁금해. 생각한대로 이루어진디고 하잖아. 생각이 긍정적인 생각이 우리의 미래를 바꿀수 있어리라 믿어.

교정 5

　우리가 약속한 대로 내년 3월에 결혼하자. 너는 너대로 나는 나대로 열심히 돈을 모아 우리 힘으로 월셋집이라도 얻어 살면 되잖아. 돈 없다고 이대로 질질 끌다가는 우리가 헤어지게 될지도 몰라. 마음이 가는 대로 살고 싶어. 미래는 우리에게 어떤 빛깔의 삶일지 궁금해. 생각한 대로 이루어진다고 하잖아. 긍정적인 생각이 우리의 미래를 바꿀 수 있으리라 믿어.

　※ 대로 : '약속대로, 너대로'처럼 '대로'가 체언 뒤에 붙으면 조사가 되어 붙여 쓴다. '약속한 대로, 생각한 대로'처럼 용언의 관형사형 뒤에 붙으면 의존명사가 되어 띄어 쓴다.

문제 6

미국에 유학 간지 10년만에 다시 우리 나라에 돌아와 보니 서울이 엄청나게 변허있어 깜놀했다. 나 만 변한 줄 알았는데 강산도 변할줄이야!
오랫 만에 옛친구들 만나 수다르도 실컫 털어야겠다. 이 참에 딱 한달만 한국에 머무르다가다가 미쿡에돌아거야 겠다.

교정 6

미국에 유학 간 지 10년 만에 다시 우리나라에 돌아와 보니 서울이 엄청나게 변해 있어 깜짝 놀랐다. 나만 변한 줄 알았는데 강산도 변할 줄이야!
오랜만에 옛 친구들 만나 수다라도 실컷 떨어야겠다. 이참에 딱 한 달만 한국에 머물다가 미국으로 돌아가야겠다.

※ 만 : '하나만 알고 둘은 모른다.'처럼 체언 뒤에 붙어 '한정' 또는 '비교'의 뜻을 나타내는 경우는 조사이므로 붙여 쓴다.
※ 만 : '10년 만에 다시 돌아왔다, 만난 지 이틀 만에 또 헤어졌다.'처럼 경과한 시간을 의미할 경우에는 의존명사이므로 띄어 쓴다.

문제 7

　찬진이는 사법고사에 최종 합격하 뛸듯이 기뻤다.
　마치 구름을 걷는듯 도모지 생사가 아닌것만 같았다.부모가 해 주는　따뜻한밥 먹고 다니는 친구들, 편하게 용돈 받아 물 쓰 듯 돈을 쓰는　볼때마다친구들을 괜시리 억울한 생각도 들었다.
　그 동안 고생한데 대해 보답하 듯 턱하니 붙고보니 하늘을 날 듯 기쁘기 거지 없다.

교정 7

　찬진이는 사법고시에 최종 합격하여 뛸 듯이 기뻤다. 마치 구름을 걷는 듯 도무지 생시가 아닌 것만 같았다. 부모가 해 주는 따뜻한 밥 먹고 다니는 친구들, 편하게 용돈 받아 물 쓰듯 돈을 쓰는 친구들을 볼 때마다 괜스레 억울한 생각도 들었다. 그동안 고생한 데 대해 보답하듯 턱하니 붙고 보니 하늘을 날 듯 기쁘기 그지없다.

　※ 듯이 : (어미 '-은', '-는', '-을' 뒤에 쓰여) 짐작이나 추측의 뜻을 나타내는 의존명사로 쓰이면 띄어 쓴다. '사람마다 생김새가 다르듯이'처럼 어미로 쓰이면 붙여 쓴다.

문제 8

　나의 꿈은 열여덟살때부터 스무살 때까지 스투디어스(tewardess)였다. 그런데,

　요즘은 그것 보다 더 편한 직업을 찾아 보기로 마음 먹었다. 이것 저것 해보다가 않되면 포기하는게 나을 지, 한 우물을 파는 게 나을 지 잘모르겠다.
　오늘도 계속 보다나은 미래을 위한 나의 고민은 계속 된다.

교정 8

　나의 꿈은 열여덟 살 때부터 스무 살 때까지 스튜어디스(stewardess)였다. 그런데 요즘은 그것보다 더 편한 직업을 찾아 보기로 마음먹었다. 이것저것 해보다가 안 되면 포기하는 게 나을지, 한 우물을 파는 게 나을지 잘 모르겠다. 오늘도 보다 나은 미래를 위한 나의 고민은 계속된다.

　　※ 보다 : '내가 너보다 크다'처럼 체언 뒤에 붙어 '~에 비해서'라는 뜻을 나타내는 조사로 쓰일 때는 붙여 쓴다.
　　'우승하려면 보다 빠르게 뛰어.'처럼 '어떤 수준에 비해 한층 더'라는 의미의 부사어로 쓰일 때는 앞뒤를 모두 띄어 준다.

문제 9

　그는 친구로써는 좋으나 남편 감으로써는 부족한점이 많다. 요즘은 경제적으로 능력이 있어야 결혼도 할 수 있다, 여자가 지갑이 있어야 결혼할 수 있는 시데가 되었다. 현모처양이 꿈이라도 자랑스럽게 말하든 시절은　다. 자신의 꿈과 미래를 포기하는 칠포세대라는 신조어까지 등장한 이 시대의 비에는 어디서부터 시작 된 것일까. 어데다 눈물로서 호소한 들 들어줄이가 아무도 없다.

교정 9

　그는 친구로서는 좋으나 남편감으로서는 부족한 점이 많다. 요즘은 경제적으로 능력이 있어야 결혼도 할 수 있다. 여자도 직업이 있어야 결혼할 수 있는 시대가 되었다. 현모양처가 꿈이라고 자랑스럽게 말하던 시절은 끝났다. 자신의 꿈과 미래를 포기하는 칠포세대라는 신조어까지 등장한 이 시대의 비애는 어디서부터 시작된 것일까? 어디에다 눈물로써 호소한들 들어줄 이 아무도 없다.

　　※ -로서 : 지위나 신분 또는 자격을 나타내는 격조사
　　※ -로써 : 어떤 물건의 재료나 원료를 나타내는 격조사
　　　　　　　어떤 일의 수단이나 도구를 나타내는 격조사
　　　　　　　어떤 일의 기준이 되는 시간임을 나타내는 격조사

문제 10

　학원 비가 부속하다고 돈을 빌어 달라그하는 친구에게 거절을 하지못한 내가한심 하다.친구는　그 돈을 명품가방 사는데 다 탕진했다고 한다. 머리 아픈데 먹는 약이 필요해. 알바로 번 피 같은 내 돈을 어떻게 하면 다시 돌려 받을수 있을까, 나는 3년째 3만원 짜리 가방을 들고 다니는 데 말이다. 자아 개발에 보탬이 되는데 쓰려고 차곡차곡 모았던 내돈 들리도.

교정 10

　학원비가 부족하다고 돈을 빌려 달라고 하는 친구에게 거절을 하지 못한 내가 한심하다. 친구는 그 돈을 명품가방 사는 데 다 탕진했다고 한다. 머리 아픈 데 먹는 약이 필요해. 아르바이트로 번 피 같은 내 돈을 어떻게 하면 다시 돌려받을 수 있을까? 나는 3년째 3만 원짜리 가방을 들고 다니는데 말이다. 자기 계발에 보탬이 되는 데 쓰려고 차곡차곡 모았던 내 든, 돌려줘.

　※ -ㄴ데 : 어떤 일을 설명하거나 묻거나 시키거나 제안하기 위하여 그 대상과 상관되는 상황을 미리 말할 때 쓰는 연결 어미일 때는 붙여 쓴다. '날씨가 추운데 외투를 입고 나가거라.'
　※ -데 : 과거 어느 때에 직접 경험하여 알게 된 사실을 말할 때 '그이가 말을 아주 잘하데.'처럼 붙여 쓰다.
　※ '데'가 '머리 아픈 데 먹는 약'처럼 의존명사로 쓰이면 띄어 쓴다.

30
문장 교정교열 실전 문제 3단계

다음 글을 읽고 적당한 제목을 붙여 보고 한글 맞춤법과 띄어쓰기가 잘못된 곳을 찾아 올바르게 고치시오.

문제 1

"무엇을 하며 어떡해 살아야 후회없는 삶이 될까요?
 정말로 하고싶은 일, 나만의 목표 찾기는 중요한 과제입니다.
         우리는 남에게 인생을 베푸는 살기 위해서 우주의 원리를 탐구합니다. 어떻게 베풀어야 할까요? 지식으로, 힘으로, 돈으로, 말과 글로, 의술로, 법으로, 지혜로….
 미래 글러벌 세상을 이끌어나가 위해서는 세상을 다스리는 힘을 가져야 한니다.
 재력이든 권력이든 필력이든 무력이든 학력이든 그 어떠한 힘이든 갖추지 미래 세상을 살아가는데 힘(?(이 듭니다. 그렇다고 이 모든힘을 다 가지려고 한다면 오히려 더큰 고통만 따릅니다.
 우리사회의 문젯점도 권력을 가진 이들이 돈도 가지려고 하고 명예도 가지려고하다보니 치열한 다툼이 생기고 무리하게 부정을 저질려 생겨나는 것입니다.
  청년의 삶이 고단한 것은 어느사회나 동일합니다. 우리 고유의 민족문화를 계승하기 위해 어떻게 살아야할지를 고민해야 한다다. 자신의 이해만 따지다 보면 타인의 지지를 얻기 어렵고 타인의 삶에만 추종하다 보면 자신 만의 자리도 없어집니다. 남을 배려하는 따뜻한 태도를 견지하면서 자신만의 고유영역을 만들고 키워내는 데 혼신의 힘을 봅시다.

앞으로의 사회는 젊은 피보다는 뜨거운 피를 원합니다. 제가 아는 사진기사는 카메라를 들때마다 피가 솟구친다고 합니다. 그런 열정으로 자신만의 갈 길을 찾아야 합니다. 그리고 그 길에 대해 깊이 있게 탐색해야 합니다.

꿈은 이루어진니다! 다만 현실적으로 실현 가능해야 합니다. 슬럼프를 느낀다는 것은 그만큼 절실한 그 무엇인가가 없다는 것입니다. 정달로 쟁추해야할 목표가 있다면 앞뒤좌우를 둘러보면서 멍하니 있을 시간이 없겠지요. 사람이 자신의 **꿈을 이루기 위해서는** 돈도 명예도 없이 열정과 몰입으로 버텨야 할 시기가 있습니다. 그 사기가 바토 지금입니다!

10년전에는 누구나 비슷한 실력이었겠지만 지금은 열심히 공부한 친구와 그렇지 않은 친구사이에 실력차이가 많이 날것입니다. 앞으로 10년동안 공부하면 열심히 지금보다 훨씬더만족한 생활을 하고 있을 것입니다.

미래의 자기 자신과 대화하면서 스스로에게 부끄럽지 않도록 공부합시다. 주때없이 남의 뒤만 따르지 말고 유행에 물들지도 말며 자신만의 향기와 빛갈을 만들어 갑시다?

문제 2

　"책이 없던 원시 시대에는 사람들이 지금보다 행복했을까요?"
　중학교 교실에서 출판특강을 하면서 이런 질문을 던지면 아이들은 맑은 눈빛으로 곰곰 생각에 잠깁니다. 아이들의 진지한 태도와 환한미소를 보면 힘이 솟아 나 기쁨의 바람에 휩싸입니다.
　대학생들에게 출판기획과 출판디자인을 가르칠 때에는, 그들에게 출판의 사명을 일깨우고 엄혹한 출판계의 현실에서 생존하기 위해 자신만의 출판코드를 갖춰야 한다고 강조합니다.
　출판 분야 일학습병행제 강의는 NCS 출판 분야 능력단위와 학습모듈을 활용합니다. NCS는 Mational competency Standards의 약자로 '국가직무능력표준을 의미gks니다. NCS는 근로자가 산업 현장에서 자신의 업무를 성공적으로 수행하기 위해 요구되는 직무능력(지식·기술·태도)를 국가적차원에서 과학적이고 체계적으로 도출하여 산업부문별·수준별로 표준화한 것입니다.
　　　대학원에서 출판교육을 할 때에는 이론교육만으로는 학생들의 공감을 얻기가 지금 현재의 출판동향과 출판 현장의 실무경험을 겻들입니다.
　출판인을 대상으로 특장을 진행할 때에는 출판 현장에서 땀 흘리는 분들이 분출하는 출판 열기를 감당하기에 벅찬 적도 많지만, 그러한 경험들이 NCS 출판 자격을 설계하거나, 출판교육이나 출판연구활동을 할때에 스스로를 일깨는 소중한 각성제가 됩니다.

이제 출판교육은 교육장을 마련해 놓고 수강생을 기다려서는 안됩니다. 출판교육은 초중고 공교육 현장에서 실시허야 합니다. 전국의 초중고로 찾아가야 한다.

동화 책을 만드는 출판사는 많은데 정작 출판에 관한 동화는 없고, 만화 책을 만드는 많은데 정작 출판어 관한 만화는 없습니다. 출판인들만의 문화도 만들어야 합니다.

출판교육을 혁신하여 출판문화문화산업을 발전시키려면 출판업계에서 출판콘텐츠연출가, 출판에디터, 편집디자이너 등의 NCS기반자격을 출관콘텐츠연출가, 출판어디터, 편집디자이너 등의 NCS기반자격을 취득할 수 있는 일학습병행제에 적극적으로 참여해야합니다.

현재 분산되어 있는 출판교육 체제를 범플판계 치권에서 독립적인 출판교육기관(가칭 퍼블리싱 스쿨)을 설립하여 NCS 중심의 실무교육을 강화해야 합니다.

출판교육이 긍극적으로는 출판문화산업 발전에 기여할 수 있도록 출판교육자들이 '찾아가는 출판교육"을 실천해야 합니다. 그리하여 출판교육을 닫았던 학생들이 미래출판산업의 출판주역이 되어 출판 성공시대를 활짝 열어갈것이라 확신합니다.

문제 3

　인류의 역사는 출판의 역사입니다. 인류의 문화발전은 출판물이 없다면 전승할수가 있기 때문입니다. 가장 강력한 지식은 역사입니다.

　역사를 잘못 알고 있으면 나아갈 방향을 알 수 없습니다.

　오늘우리출판문화산업의 진흥방향도 출판의 역사를 바로 아는 것에서 출발해야합니다.

　만약 여러분이 625전쟁이 끝난지 몇년후에 출판사를 다녔다면 휘갈겨 쓴 필자의 글이 적힌 원고지를 해독해야하는 일을 하고 있을 것입니다. 그리고, 인쇄소에서 조판하다가 필요한 활자는 사다라를 오르 내리면서 빨리빨리 뽑아 와야 하고,

　 인쇄가 끝난 200쪽분량의 책을 제책하기 위해 불에 달군 철사로 꿰매느라땀 깨나 흘렸을것이다. 새끼줄로 책을 묶는 일도 해야 하는데, 칼 없이도 새끼줄을 끊을 정도가 되면 그제서야 편집 일 좀 할 줄 안다고 칭찬받았을 것입니다.

　1950년대 출판계는 6.25전쟁으로 인해 발전 속도가 느려졌다. 전쟁 기간 중에도 교과서 출판과 아동물 출판이 계속되었는데 애국심을 고취하는 만화 출판물의 인기가 많았습니다.

　출판의 컨텐츠가 같다고 하더래도 세로짜기로 조판하느냐, 가로짜기로 조판하느냐에 따라 독자의 이해 정도와 출판물의 아름다운 정도가 달라진다. 세로짜기 조판과 한자, 단기 달력에 익숙

한 독자들이 우세했던 1950년대에는 편집을 세로짜기로 조판하고 연호를 단기로 표기한 출판물이 많이 발행되었습니다.

1950년대에 발행된 장왕사의 만화 출판굴로는 코주부 김용환 화백이 그림을 그린 《한니발 만화》(1951년 발간), 《빛나는 소년 고수 만화》(1952년 발간), 아동용 컬러 그림책 시리즈 《아리바바와 산적》(1955년 발간), 《도토리 용사》 등이 있다. 장왕사에서 발행한 교과서로는 《공민》, 《영어》, 《과학실험》, 《세계사지도》 등이 있고,

단행본으로는 《쇼팡》, 《나의 유학기》, 《나의 여행기》, 《해운경제론》이 있으며 잡지로는 〈선봉〉이 있었어웃.

전쟁 중에도 피난 수도인 부산에서는 출판물이 발행되었스흡니다. 1952년 대양츨판사에서 학원사로 개칭한 김익달의 〈학원〉과 1953년 창간한 장준하의 〈사상계〉는 독자들의 관심과 사랑을 받으며 우리사회에 큰 영향을 끼쳤네요.

1953년 8월 15일 정부가 부산에서 환도한 후 전기나 물자가 부족했다. 출판사에서는 인쇄 기술자 구하기가 어려워 스카웃 경쟁이 벌어졌어요.

19500년대 후반어는 전집 류의 출판물들이 등장시켜 방문 판매처럼 적극적인 판매 방식이 성행하면서 출판수요를 자극함으로서 활기를 띄게 되었습니다.

문제 4

가을에 종이를 찾아 여행을 떠난다고?

아니, 지금도 종이가 많은 데 무슨 종이를 찾겠다는 걸까? 아, 그렇다면 지금까지 세상에 없었던 '신지[新紙)'를 찾아 떠난다는 것이리라.

버스가 고속도로에 접어들자 한국제지 부대표께서 종이의 역사와 회사 소개를 해주셨다. '한국제지는 중국 장가항 공장에서는 대나무에서 주출한 원료로로 특수지를 생산할 계획입니다."

눈이 번쩍 뜨였다. '그옛날 대나무로 책을 만들던 죽간이 새로운 종이 죽지(竹紙)로 부활!'

수행의 고통을 이겨내고 득도하라는 의미에서 나무에 패인 상처를 이겨내고 자란 대나무로 만든다는 '죽비'의 정신도 '죽지'에 담을 수 있다면 좋겠습니다.

죽비와 죽간과 죽지를 생각하다보니 어느새 주왕산 직지사에 도착했다. 직지사 오르니 만산홍엽(萬山紅葉) 속에서 홀로 우뚝 솟은 석탑은 세월의 무게를 이겨내고 연등은 바람에 흔들리더라. 한국제지 부대표께서 법당 벽면에 그려진 '십우도(十牛圖)'의 의미를 설명해 주신다. 소를 찾아 떠나고, 소 꼬리를 보고, 마침내 소를 찾고, 소를 타고 집으로 돌아오고, 그러나, 소는 버려야 하고. 소를 찾는 과정이나 종이를 찾는 과정이나 별반 다르지 않으니라.

그 어디에서도 꿋꿋하게 생존할수있는 생명력이 끈질긴 '신지(神紙)'가 한국제지에서 탄생하기를 고대한다.

온산공장에 도착하여 공장 안에 들어서니 드넓은 공간을 꽉 채운 습기와 소음이 묘한 흥분을 안겨다준다. 종이를 만드는이들이 출판사에서 더욱좋은 책를 만들 수 있도록 도와주는 종이도 만들면 좋겠다. 지치고 나른할 때 기운을 돋워주고, 어렵고 힘들 때 위로가 되어주며, 왠만한 피붓병도 단번에 낫게해주는 그런 종이. 부적토다 신통하고 비타민보다 영양가 높은 활력지(活力紙)를 만들면 좋겠다.

출판은 지지지지(紙誌知智)다. 종이[紙]에 기록[誌]을 하면 지식[知]이 되고 그 지식이 싸이면 지혜[智]가 된다. 이 번 여정 속에서 다양한 종이들을 떠올려보았지만 결국 종이는 종이일 뿐이다.

종이에 무엇을 기록하는 지가 가장 중요하다. 종이가 전자종이로 바꾸더라도 '지지지지(紙誌知智)'의 원칙은 변하지 않을것이다. 종이에 가치 있는 정보를 기록하는 출판PD로서 우리 문화를 발전시키는 출판 일더 더욱 정진 해야겠다. 그길에서 희노애락의 감섬이 베여있는 한국제지의 종이에 나만의 빛깔과 향기를 기록하리라.

문제 5

출판은 필자의 머리속에 있어서 눈에 보이지 않은 데이타와 정보와 지식을 가치 있는 내용으로 가공하여 독자들이이 눈으로 볼 수 있도록 지식문화상품을 만들어주는 정보서비스입니다.

데이타를 가공하여 가치 있는 출판컨텐츠로 만들기 위해서는 출판의 대내외적인 환경을 이해하고, 출판 프르세스를 학습해야 하므로 출판콘텐츠 기획은 생각보다 어렵습니다.

출판은 고유문화를 보호하고 발전해야한다는 사명감을 가져야 하므로 우리 역사와 알아야 문화를 알아야 하고, 디지털 환경에서 독자를 발굴할 수 있는 창의력을 갖춰야 하며 글로벌 시장에서 통할 수 있는 차별화된 출판콘텐츠 개발 능력도 필요합니. 아울러 산업적으로도 수익성을 창출해야 하므로 공익성과 상업성을 갖춘

출판콘텐츠기획을 할 수 있어야 합니다.

출판콘텐츠기획자는 출판콘텐츠를 기획하고 개발하여 출판하는 전 과정에 필요한 원고 집필과 청리, 편집과 다자인, 지식과 기술, 정보와 출판의 창의적인 컨버전스, 고객 맞춤형 지식 큐레이션, 사후평가관리 등 출판물 제작 전 과정에서 중요한 역활을 담담합니다.

집필자의 원고 작성 과정에서 시놉시스 내용을 작성하고, 원고 초안(메뉴스크립트)을 , 집필 원고의 가치를 평가하고, 출판콘텐

츠 저작권을 확보하고 법규를 관리하는 등의 방법으로 출판콘텐츠를 총괄감독(프로듀싱)해야 한다.

　확보된 출판콘텐츠의 원소를 분석하여 출판콘텐츠에 생명력을 불어넣기위해 편집 자료를 수집하고 분석하여 활용하는 등 다양한 편집기법을 동원해야 합니다.
　출판콘텐츠의 부가가치를 확장하기 위하여 OSMU출판전략을 수립하고 이를 실연하는 과정에서 각각의 문화상품별 특성에 맞게 기획안을 작성하고, OSMU출판전략을 실연하는 과정에서 출판콘텐츠를 큐레이션하며, 전자책을 만드는 과정에서도 플로차트와 스토리보드와 스토리북을 작성하며 출판콘텐츠 시스템을 구축해야 합니다.
　출판콘텐츠는 문화산업의 수익창출을 구성하는 문화상품의 원천 콘텐츠이기 때문에 문화산업의 환경 및 구조적 현황에 대해서도 파악하고 있어야 합니다.
　하이퍼텍스트를 자유자제로 넘나드는 전방위적 출판콘텐츠기획자로 거듭나려면 체계적인 교육을 실시해야 합니다. 4차 산업혁혁명 시대에 기호출판을 하기위해서는 창의성과 현실성과 채산성이 높은 아이디어 창출과 더qnf어 세상의 트랜드를 읽어내는 능력을 갖추어야야 합니다.

문제 6

　1985년 3월 29일, 제가 대학의 학보사에 입사하던 날, 2000개의 네모 칸이 그려진 두툼한 원고지를 받았을 때의 느낌을 기억합니다. 지금은 컴퓨터앞에서 키보드로 문자를 입력하지만, 그 시절에는 원고지에 손으로 적었습니다. 편집을 할때는 지난 학보를 펴놓고 붉은색 색연필로 글자 수를 계산해 가면서 1MM의 오차도 없이 그리려고 했습니다.

　수습기자로 시작해서 기자, 기획부장, 편집국장이 되어 발로 뛰어 다니면서 다양한 이해관계에 얽켜 있는 사람들의 말 속에서 진실을 찾아내어 원고지에 기사작성을 하고 학보를 편집하든 그때는 세상을 다 가진듯 행복했습니다.

　원고 마감한 후에 인쇄소로 갔을 때 온 몸으로 전해지던 납활자와 잉크 냄새에 가슴이 설렜고, 갤리지에 교정을 보면서 힘들지만 재미 있게 편집을 배웠습니다. 교정을 본 다음에는 다른 학보보다 조금이라도 빨리 만들려고 조판하던 배불뚜기 아저씨 옆에서 지면별로 필요한 동판을 챙겨드렸습니다. 잘못 들어간 활자를 발견했을 땐 본문은 6호 활자를, 제목은 초호 활자를 챙겨오고, 없는 글자가 발생하면 벤톤과로 뛰어 가서 활자를 만들어 달라고 하던 시절이 이제는 추억이 되었습니다.

대학 졸업 후 건설회사의 사보편집실에 입사했을 때, 사보에 실릴 인물을 인터뷰하고 사진을 찍어 원고를 만들었고, 사진식자 조판을 하는 편집디자이너 옆에서 오탈자가 발견되면 수정자를 찾아오려낸 뒤 화판에 표시나지 않게 핀셋으로 조심조심 부치고, 원색분해 보낸 사진원고의 교정지를 잘라내어 화판에 조심스래 붙인 뒤, 화판 위에 유산지를 씌우고는 원고지정을 했었습니다.

1994년에 진학사에 입사해서 월간 〈진학〉지를 만들 때는 전국 대학을 다니면서 취재하여 노트북컴퓨터도 기사를 입력해서 디스켓에 담아 디자인 부서에 넘기면, 편집디자이너가 맥캔토시에서 쿼크익스프레스르 편집을 했습니다.

이제 세월은 지나서 인디자인으로 편집을 하는 것이 일반화되었습니다. 활자조판에서 사진식자조판에서 컴퓨터조판로 출판물을 만드는 도구는 달라졌지만 출판의 가치는 영원합니다.

해 마다 라일락이 필 때면 대학 시절의 추억이 떠올라 그 시절에 자주 불렀던 학보사 노래를 흥얼거립니다.

겹살구 꽃잎들이 연토라로 버는 아침 이글대는 금빛 얼굴 내 님을 닮았어라
보숨한 귀밑머리 들려오는 콧노래에 한없이 날아서 가는 나의 마음이여
바람이 고이 잠든 국화꽃이 피는 저녁 젖어드는 은빛 얼굴 내님을 닮았어라
보숨한 귀밑머리 들려오는 낙엽소리 조용히 귀 기울이는 나의 가슴이여
수많은 영혼들의 그림자 숲속에 나는야 한 송이 꽃이 되고 싶어라
이 땅에 오는 날부터 흙으로 가기까지 차라리 한 송이 꽃이 되고 싶어라

교정 1

문장 교정교열 실전 문제 3단계
교정교열 실제 사례

문제 1 자신만의 고유영역을 만들자

"무엇을 하며 어떠해 살아야 후회없는 삶이 될까요?
정말로 하고싶은 일, 나만의 목표 찾기는 중요한 과제입니다.
우리는 남에게 인생을 베푸는 살기 위해서 우주의 원리를 탐구합니다. 어떻게 베풀어야 할까요? 지식으로, 힘으로, 돈으로, 말과 글로, 의술로, 법으로, 지혜로….
미래 글러벌 세상을 이끌어나가 위해서는 세상을 다스리는 힘을 가져야 합니다.
재력이든 권력이든 필력이든 무력이든 학력이든 그 어떠한 힘이든 갖추지 미래 세상을 살아가는데 힘(?)이 듭니다. 그렇다고 이 모든힘을 다 가지려고 한다면 오히려 다른 고통만 따릅니다.
우리사회의 문젯점도 권력을 가진 이들이 돈도 가지려고 하고 명예도 가지려고하다보니 치열한 다툼이 생기고 무리하게 부정을 저질러 생겨나는 것입니다.
청년의 삶이 고단한 것은 어느사회나 동일합니다. 우리 고유의 민족문화를 계승하기 위해 어떻게 살아야할지를 고민해야 한다. 자신의 이해만 따지다 보면 타인의 지지를 얻기 어렵고, 타인의 삶에만 추종하다 보면 자신만의 자리도 없어집니다. 남을 배려하는 따뜻한 태도를 견지하면서 자신단의 고유영역을 만들고 키워내는 데 혼신의 힘을 봅시다.

앞으로의 사회는 젊은 피보다는 뜨거운 피를 원합니다. 제가 아는 사진기사는 카메라를 들때마다 피가 솟구친다고 합니다. 그런 열정으로 자신만의 갈 길을 찾아야 합니다. 그리고 그 길에 대해 깊이 있게 탐색해야 합니다.

꿈은 이루어집니다! 다만 현실적으로 실현 가능해야 합니다. 슬럼프를 느낀다는 것은 그만큼 절실한 그 무엇인가가 없다는 것입니다. 정말로 쟁취해야할 목표가 있다면 앞뒤좌우를 둘러보면서 멍하니 있을 시간이 없겠지요. 사람이 자신의 꿈을 이루기 위해서는 돈도 명예도 없이 열정과 몰입으로 버텨야 할 시기가 있습니다. 그 시기가 바로 지금입니다!

10년전에는 누구나 비슷한 실력이었겠지만 지금은 열심히 공부한 친구와 그렇지 않은 친구사이에 실력차이가 많이 날것입니다. 앞으로 10년동안 공부하면 열심히 지금보다 훨씬더만족한 생활을 하고 있을 것입니다.

미래의 자기 자신과 대화하면서 스스로에게 부끄럽지 않도록 공부합시다. 주때없이 남의 뒤만 따르지 말고 유행에 물들지도 말며 자신만의 향기와 빛갈을 만들어 갑시다?

교정 2

문제 2 출판교육을 활성화하자!

"책이 없던 원시 시대에는 사람들이 지금보다 행복했을까요?"

중학교 교실에서 출판특강을 하면서 이런 질문을 던지면 아이들은 맑은 눈빛으로 곰곰 생각에 잠깁니다. 아이들의 진지한 태도와 환한 미소를 보면 힘이 솟아 나 기쁨의 바람에 휩싸입니다.

대학생들에게 출판기획과 출판디자인을 가르칠 때에는, 그들에게 출판의 사명을 일깨우고 엄혹한 출판계의 현실에서 생존하기 위해 자신만의 출판코드를 갖춰야 한다고 강조합니다.

출판 분야 일학습병행제 강의는 NCS 출판 분야 능력단위와 학습모듈을 활용합니다. NCS는 Mational Competency Standards의 약자로 '국가직무능력표준'을 의미gks니다. NCS는 근로자가 산업 현장에서 자신의 업무를 성공적으로 수행하기 위해 요구되는 직무능력(지식·기술·태도)를 국가적 차원에서 과학적이고 체계적으로 도출하여 산업부문별·수준별로 표준화한 것입니다.

대학원에서 출판교육을 할 때에는 이론교육만으로는 학생들의 공감을 얻기가 지금 현재의 출판동향과 출판 현장의 실무경험을 곁들입니다.

출판인을 대상으로 특강을 진행할 때에는 출판 현장에서 땀 흘리는 분들이 분출하는 출판 열기를 감당하기에 벅찬 적도 많지만, 그러한 경험들이 NCS 출판 자격을 설계하거나, 출판교육이나 출판연구활동을 할 때에 스스로를 일깨는 소중한 각성제가 됩니다.

이제 출판교육은 교육장을 마련해 놓고 수강생을 기다려서는 안됩니다. 출판교육은 초중고 공교육 현장에서 실시해야 합니다. 전국의 초중고로 찾아가야 한다.

동화 책을 만드는 출판사는 많은데 정작 출판에 관한 동화는 없고, 만화 책을 만드는 많은데 정작 출판에 관한 만화는 없습니다. 출판인들만의 문화도 만들어야 합니다.

출판교육을 혁신하여 출판문화 문화산업을 발전시키려면 출판업계에서 출판콘텐츠연출가, 출판에디터, 편집디자이너 등의 NCS기반자격을 출판콘텐츠연출가, 출판에디터, 편집디자이너 등의 NCS기반자격을 취득할 수 있는 일학습병행제에 적극적으로 참여해야합니다.

현재 분산되어 있는 출판교육 체제를 범출판계 차원에서 독립적인 출판교육기관(가칭 퍼블리싱 스쿨)을 설립하여 NCS 중심의 실무교육을 강화해야 합니다.

출판교육이 궁극적으로는 출판문화산업 발전에 기여할 수 있도록 출판교육자들이 찾아가는 출판교육을 실천해야 합니다. 그리하여 출판교육을 받았던 학생들이 미래출판산업의 출판주역이 되어 출판 성공시대를 활짝 열어갈것이라 확신합니다.

교정 3

전쟁 중에도 출판물은 발행되었다

문제 3

　인류의 역사는 출판의 역사입니다. 인류의 문화발전은 출판물이 없다면 전승할수가 있기 때문입니다. 가장 강력한 지식은 역사입니다. 역사를 잘못 알고 있으면 나아갈 방향을 알 수 없습니다. 오늘우리출판문화산업의 진흥방향도 출판의 역사를 바로 아는 것에서 출발해야합니다.

　만약 여러분이 6·25전쟁이 끝난지 몇년후에 출판사를 다녔다면 휘갈겨 쓴 필자의 글이 적힌 원고지를 해독해야하는 일을 하고 있을 것입니다. 그리고 인쇄소에서 조판하다가 필요한 활자는 사다리를 오르 내리면서 빨리빨리 뽑아 와야 하고, 인쇄가 끝난 200쪽분량의 책을 제책하기 위해 불에 달군 철사로 꿰매느라땀 깨나 흘렸을것이다. 새끼줄로 책을 묶는 일도 해야 하는데, 칼 없이도 새끼줄을 끊을 정도가 되면 그제서야 편집 일 좀 할 줄 안다고 칭찬받았을 것입니다.

　1950년대 출판계는 6·25전쟁으로 인해 발전 속도가 느려졌다. 전쟁 기간 중에도 교과서 출판과 아동물 출판이 계속되었는데 애국심을 고취하는 만화 출판물의 인기가 많았습니다.

　출판의 컨텐츠가 같다고 하더래도 세로짜기로 조판하느냐, 가로짜기로 조판하느냐에 따라 독자의 이해 정도와 출판물의 아름다운 정도가 달라진다. 세로짜기 조판과 한자, 단기 달력에 익숙한 독자들이 우세했던 1950년대에는 편집을 세로짜기로 조판하고 연호를 단기로 표기한 출판물이 많이 발행되었습니다.

1950년대에 발행된 장왕사의 만화 출판물로는 코주부 김용환 화백이 그림을 그린 《한니발 만화》(1951년 발간), 《빛나는 소년 고수 만화》(1952년 발간), 아동용 컬러 그림책 시리즈 《아리바바와 산적》(1955년 발간), 《도토리 용사》 등이 있습니다. 장왕사에서 발행한 교과서로는 《공민》, 《영어》, 《과학실험》, 《세계사지도》 등이 있고, 단행본으로는 《쇼팽》, 《나의 유학기》, 《나의 여행기》, 《해운경제론》이 있으며 잡지로는 〈선봉〉이 있었습니다.

전쟁 중에도 피난 수도인 부산에서는 출판물이 발행되었습니다. 1952년 대양출판사에서 학원사로 개칭한 김익달의 〈학원〉과 1953년 창간한 장준하의 〈사상계〉는 독자들의 관심과 사랑을 받으며 우리사회에 큰 영향을 끼쳤습니다.

1953년 8월 15일 정부가 부산에서 환도한 후 전기나 물자가 부족하여, 출판사어서는 인쇄 기술자 구하기가 어려워 스카우트 경쟁이 벌어졌습니다.

1950년대 후반에는 전집 류의 출판물들이 등장하여 방문 판매처럼 적극적인 판매 방식이 성행하면서 출판수요를 자극함으로써 활기를 띠게 되었습니다.

교정 4

새로운 종이를 찾아 떠난 가을 여행

문제 4

가을에 종이를 찾아 여행을 떠난다고?

아니, 지금도 종이가 많은 데 무슨 종이를 찾겠다는 걸까? 아, 그렇다면 지금까지 세상에 없었던 '신지(新紙)'를 찾아 떠난다는 것이리라.

버스가 고속도로에 접어들자 한국제지 부대표께서 종이의 역사와 회사 소개를 해주셨다. "한국제지는 중국 장가항 공장에서는 대나무에서 추출한 원료로 특수지를 생산할 계획입니다."

눈이 번쩍 뜨였다. '그 옛날 대나무로 책을 만들던 죽간이 새로운 종이 죽지(竹紙)로 부활!'

수행의 고통을 이겨내고 득도하라는 의미에서 나무에 패인 상처를 이겨내고 자란 대나무로 만든다는 '죽비'의 정신도 '죽지'에 담을 수 있다면 좋겠습니다.

죽비와 죽간과 죽지를 생각하다보니 어느새 주왕산 직지사에 도착했다. 직지사에 오르니 만산홍엽(萬山紅葉) 속에서 홀로 우뚝 솟은 석탑은 세월의 무게를 이겨내고 연등은 바람에 흔들리더라. 한국제지 부대표께서 법당 벽면에 그려진 '십우도(十牛圖)'의 의미를 설명해 주신다. 소를 찾아 떠나고, 소 꼬리를 보고, 마침내 소를 찾고, 소를 타고 집으로 돌아오고, 그러나 소는 버려야 하고. 소를 찾는 과정이나 종이를 찾는 과정이나 별반 다르지 않으니라.

그 어디에서도 꿋꿋하게 생존할 수 있는 생명력이 끈질긴 '신지(神紙)'가 한국제지에서 탄생하기를 고대한다.

온산공장에 도착하여 공장 안에 들어서니 드넓은 공간을 꽉 채운 습기와 소음이 묘한 흥분을 안겨다준다. 종이를 만드는 이들이 출판사에서 더욱 좋은 책을 만들 수 있도록 도와주는 종이도 만들면 좋겠다. 지치고 나른할 때 기운을 돋워주고, 어렵고 힘들 때 위로가 되어주며, 웬만한 피롯병도 단번에 낫게 해주는 그런 종이. 부적보다 신통하고 비타민보다 영양가 높은 활력지(活力紙)를 만들면 좋겠다.

출판은 지지지지(紙誌知智)다. 종이[紙]에 기록[誌]을 하면 지식[知]이 되고 그 지식이 쌓이면 지혜[智]가 된다. 이번 여정 속에서 다양한 종이들을 떠올려보았지만 결국 종이는 종이일 뿐이다. 종이에 무엇을 기록하는지가 가장 중요하다. 종이가 전자종이로 바뀌더라도 '지지지지(紙誌知智)'의 원칙은 변하지 않을 것이다. 종이에 가치 있는 정보를 기록하는 출판PD로서 우리 문화를 발전시키는 출판 일에 더욱 정진해야겠다. 그 길에서 희로애락의 감섭이 베여있는 한국제지의 종이에 나만의 빛깔과 향기를 기록하리라.

교정 5

문제 5

출판콘텐츠기획자란 무엇인가

　출판은 필자의 머릿속에 있어서 눈에 보이지 않는 데이터와 정보와 지식을 가치 있는 내용으로 가공하여 독자들이 눈으로 볼 수 있도록 지식문화상품을 만들어주는 정보서비스입니다.

　데이터를 가공하여 가치 있는 출판콘텐츠로 만들기 위해서는 출판의 대내외적인 환경을 이해하고, 출판 프로세스를 학습해야 하므로 출판콘텐츠 기획은 생각보다 어렵습니다.

　출판은 우리 고유문화를 보호하고 발전시켜야 합니다. 그러려면 우선 우리 역사와 문화를 알아야 하고, 디지털 환경에서 독자를 발굴할 수 있는 창의력을 갖춰야 합니다. 또한 글로벌 시장에서 통할 수 있는 차별화된 출판콘텐츠 개발 능력도 필요합니다. 아울러 산업적으로도 수익성을 창출해야 하므로 공익성과 상업성을 갖춘 출판콘텐츠기획을 할 수 있는 능력을 갖춰야 합니다.

　출판콘텐츠기획자는 출판콘텐츠를 기획하고 개발하여 출판하는 전 과정에 필요한 원고 집필과 정리, 편집과 디자인, 지식과 기술, 정보와 출판의 창의적인 컨버전스, 고객 맞춤형 지식 큐레이션, 사후평가관리 등 출판물 제작 전 과정에서 중요한 역할을 담당할 합니다.

　집필자의 원고 작성 과정에서 시놉시스 내용을 작성하고, 원고 초안(매뉴스크립트)을 검토하고, 집필 원고의 가치를 평가하고, 출판콘텐츠 저작권을 확보하고 법규를 관리하는 등의 방법으로 출판콘텐츠를 총괄감독(프로듀싱)해야 한다.

확보된 출판콘텐츠의 원소를 분석하여 출판콘텐츠에 생명력을 불어넣기위해 편집 자료를 수집하고 분석하여 활용하는 등 다양한 편집기법을 동원해야 합니다.

출판콘텐츠의 부가가치를 확장하기 위하여 OSMU출판전략을 수립하고 이를 실연하는 과정에서 각각의 문화상품별 특성에 맞게 기획안을 작성하고, OSMU출판전략을 실연하는 과정에서 출판콘텐츠를 큐레이션하며, 전자책을 만드는 과정에서도 플로차트와 스토리보드와 스토리북을 작성하며 출판콘텐츠 시스템을 구축해야 합니다.

출판콘텐츠는 문화산업의 수익창출을 구성하는 문화상품의 원천 콘텐츠이기 때문에 문화산업의 환경 및 구조적 현황에 대해서도 파악하고 있어야 합니다.

하이퍼텍스트를 자유자재로 넘나드는 전방위적 출판콘텐츠기획자로 거듭나려면 체계적인 교육을 실시해야 합니다. 4차 산업혁혁명 시대에 기획출판을 하기위해서는 창의성과 현실성과 채산성이 높은 아이디어 창출과 더npf어 세상의 트랜드를 읽어내는 능력을 갖추어야아 합니다.

출판물의 가치는 영원하다

 1985년 3월 29일, 제가 대학의 학보사에 입사하던 날, 2000개의 네모 칸이 그려진 두툼한 원고지를 받았을 때의 느낌을 기억합니다. 지금은 컴퓨터앞에서 키보드로 문자를 입력하지만, 그 시절에는 원고지에 손으로 적었습니다. 편집을 할때는 지난 학보를 펴놓고 붉은색 색연필로 글자 수를 계산해 가면서 1MM의 오차도 없이 그리려고 했습니다.

 수습기자로 시작해서 기자, 기획부장, 편집국장이 되어 발로 뛰어 다니면서 다양한 이해관계에 얽혀 있는 사람들의 말 속에서 진실을 찾아내어 원고지에 기사작성을 하고 학보를 편집하든 그때는 세상을 다 가진듯 행복했습니다.

 원고 마감한 후에 인쇄소로 갔을 때 온 몸으로 전해지던 납활자와 잉크 냄새에 가슴이 설렜고, 갤리지에 교정을 보면서 힘들지만 재미 있게 편집을 배웠습니다. 교정을 본 다음에는 다른 학보보다 조금이라도 빨리 만들려고 조판하던 배불뚜기 아저씨 옆에서 지면별로 필요한 동판을 챙겨드렸습니다. 잘못 들어간 활자를 발견했을 땐 본문은 6호 활자를, 제목은 초호 활자를 챙겨오고, 없는 글자가 발생하면 벤톤과로 뛰어 가서 활자를 만들어 달라고 하던 시절이 이제는 추억이 되었습니다.

 대학 졸업 후 건설회사의 사보편집실에 입사했을 때, 사보에 실릴 인물을 인터뷰하고 사진을 찍어 원고를 만들었고, 사진식자 조판을 하는 편집디자이너 옆에서 오탈자가 발견되면 수정자를 찾아 오려낸 뒤 화판에 표시나지 않게 핀셋으로 조심조심 부치고, 원색분해 보낸 사진원고의 교정지를 잘라내어 화판에 조심스래 붙인 뒤, 화판 위에 유산지를 씌우고는 원고지정을 했었습니다.

1994년에 진학사에 입사해서 월간 〈진학〉지를 만들 때는 전국 대학을 다니면서 취재하여 노트북컴퓨터로 기사를 입력해서 디스켓에 담아 디자인 부서에 넘기면, 편집디자이너가 맥캔토시에서 쿼크익스프레스로 편집을 했습니다.

이제 세월은 지나서 인디자인으로 편집을 하는 것이 일반화되었습니다. 활자조판에서 사진식자조판에서 컴퓨터조판로 출판물을 만드는 도구는 달라졌지만 출판의 가치는 영원합니다.

해 마다 라일락이 필 때면 대학 시절의 추억이 떠올라 그 시절에 자주 불렀던 학보사 노래를 흥얼거립니다.

겹살구 꽃잎들이 연보라로 버는 아침 이글대는 금빛 얼굴 내 님을 닮았어라
보숭한 귀밑머리 들려오는 콧노래에 한없이 날아서 가는 나의 마음이여
바람이 고이 잠든 국화꽃이 피는 저녁 젖어드는 은빛 얼굴 내님을 닮았어라
보숭한 귀밑머리 들려오는 낙엽소리 조용히 귀 기울이는 나의 가슴이여
수많은 영혼들의 그림자 숲속에 나는야 한 송이 꽃이 되고 싶어라
이 땅에 오는 날부터 흙으로 가기까지 차라리 한 송이 꽃이 되고 싶어라

● 자주 사용하는 교정 기호

교정 기호	교정 내용	교정기호 설명
□□□	고치기	출판 현장에서는 고칠 글자를 동그라미로 표시하고 이 동그라미에서 선을 그어내어 표시함.
□□□	빼고 좁히기	글자를 삭제한 후에 그대로 두면 남은 글자와 글자 사이가 떨어지므로 좁히라고 표시함.
□□□	넣기	글자 사이를 붙이거나 뗄 필요 없이 글자 사이에 그대로 넣을 경우에 사용하는 기호임.
□□□	자간 좁히기	글자와 글자 사이가 붙어야 하는데 떨어져 있을 경우에 좁히라고 표시하는 기호임.
□□□ □□□	행간 좁히기	한 칸이나 두 칸 이상 떨어져 있는 행과 행 사이를 띄우지 말고 붙이라는 표시임.
□□□ □□□	잇기	글자를 윗 줄에 이어 붙이는 경우에 사용함. 잇기 표시한 후에 화살표까지 표시를 하기도 함.
□□□	순서 바꾸기	글자의 순서가 바뀌었을 경우에 표시함. 물결을 위로부터 그어도 되고 아래부터 그어도 됨.

● 자주 사용하는 교정 기호

교정 기호	교정 내용	교정기호 설명
	二대로 두기	교정기호를 잘못 사용했을 경우 고치지 말고 원래대로 두라고 할 때 사용함. 生자를 써서 표시하기도 함.
	빼고 넓히기	글자를 삭제한 후에 남은 글자와 글자 사이를 붙이지 말고 띄우라고 표시하는 기호임.
	문장 삽입	문장이 빠졌을 경우에 사용함. 근처 빈칸에 참고표를 하고 빠진 문장을 표기함.
	자간 넓히기	글자와 글자 사이를 띄우라고 할 때 사용하는 기호임.
	행간 넓히기	행과 행 사이를 띄으라고 표시할 때 사용하는 기호임.
	별행으로	행갈이라고도 함. 표시된 부분부터 아래로 내려 별도의 문단으로 처리하라는 표시임.
	옮기기	열려 있는 공간만큼 옮기라는 표시임. 예시한 것은 오른쪽으로 한 칸 옮기라는 표시임.

될 수 있다!
교정교열가

1판 1쇄 펴낸날 2017년 9월 9일
2판 1쇄 펴낸날 2019년 9월 30일
2판 2쇄 펴낸날 2023년 9월 9일

지은이 김경도
펴낸곳 춘명
펴낸이 김경도
편집장 이선영
등 록 2008년 9월 9일
주 소 서울시 강서구 양천로57길 9-8
전 화 02-2654-3288 **팩 스** 02-2654-3287
이메일 publint@naver.com

ISBN 978-89-94676-13-5 (13700)

- 이 책은 저작권법에 의해 보호를 받는 저작물이므로 무단전재와 복제를 금합니다.
- 책값은 뒤표지에 있습니다.

이 도서의 국립중앙도서관 출판예정도서목록(CIP)은 서지정보유통지원시스템 홈페이지(http://seoji.nl.go.kr)와 국가자료공동목록시스템(http://www.nl.go.kr/kolisnet)에서 이용하실 수 있습니다. (CIP제어번호: CIP2017022895)